{ Thomas Struck }

{ Karin Laudenbach } ← FILMREZEPTE

EXKLUSIV
25 Menüvorschläge von
13 renommierten
Spitzenköchen

Film Rezepte

INSPIRIERT VON DEN SCHÖNSTEN KULINARISCHEN FILMEN

25 Menüs

von **THOMAS STRUCK** und **KARIN LAUDENBACH**

CALLWEY

DAS GROSSE FRESSEN 1973

FILM REZEPTE

INHALT

Savoir-vivre

BABETTES FEST
{ KÖCHIN: LÉA LINSTER }
Gebeizter Wildlachs auf Blini mit Kaviar — S. 18
Rinderconsommé mit Steinpilzen — S. 20
Crème brûlée — S. 22

DAS GROSSE FRESSEN
{ KOCH: CHRISTIAN LOHSE }
Fette Blutwurstsuppe mit Spitzkohl — S. 26
Seezunge mit Pfifferlingen — S. 28
Ente mit geschmorten Gewürzfeigen — S. 30

KOCHEN IST CHEFSACHE
{ KÖCHIN: SONJA FRÜHSAMMER }
Kabeljau mit Zitrone, Kartoffel-Espuma und
Liebstöckelbohnen — S. 34
Karamellmousse mit Blätterteig und
geschmorten Äpfeln — S. 36

DER DISKRETE CHARME DER BOURGEOISIE
{ KOCH: BOBBY BRÄUER }
Kaninchenrücken St. Stephano — S. 40
Lotte mit Schwips — S. 42

BRUST ODER KEULE
{ KOCH: MARCO MÜLLER }
Konfierte Ente mit Steinpilzen — S. 46
Schokoladensoufflé — S. 48

JULIE & JULIA
{ KÖCHIN: CORNELIA POLETTO }
Apfelpizzetten mit gebratener Gänseleber — S. 52
Bœuf Bourguignon — S. 54

SIDEWAYS
{ KOCH: TIM RAUE }
Weinbergschnecken auf Brioche — S. 58
Ochsenbacke in Pinot Noir — S. 60

L'AMOUR DES MOULES
{ KOCH: JOHANNES KING }
Gebratene Meeräsche auf Queller und
Herzmuscheln mit Stampfkartoffeln — S. 64
Sylter Muscheleintopf — S. 66

Benvenuti a tavola

BELLA MARTHA
{ KÖCHIN: CORNELIA POLETTO }
Étouffée-Taubenbrust
mit Räucheraalgemüse und
Rotweintortellini — S. 72
Schokoladensoufflé mit
Mango-Passionsfrucht-Ragout und
Mangosorbet — S. 74

BIG NIGHT – NACHT DER GENÜSSE
{ KOCH: MICHAEL KEMPF }
Lachsfilet im Strudelblatt mit
Rotweinspinat und Safransabayon — S. 78
Topfensoufflé mit Tonkabohne und
eingelegten Waldbeeren — S. 80

DAS FESTMAHL IM AUGUST
{ KÖCHIN: LÉA LINSTER }
Zanderfilet mit Rieslingsauce und
Parmesan-Kartoffelnocken — S. 84
Karamellisierte frische Feigen — S. 86

ICH BIN DIE LIEBE
{ KOCH: CHRISTIAN LOHSE }
Oliventartelette mit mariniertem
Ziegenkäse — S. 90
Kabeljau San Remo — S. 92

GOODFELLAS – DREI JAHRZEHNTE IN DER MAFIA
{ KOCH: KOLJA KLEEBERG }
Auberginenpiccatas mit Mama
Scorseses Tomatensauce — S. 96
Sardinen aus dem Ofen
mit sizilianischer Auberginengemüse-
Caponata — S. 98

Einleitung — S. 8

Register der Köche — S. 184

Register der Rezepte — S. 188

Register der Filme — S. 190

Harmonie mit Stäbchen

TAMPOPO
{ KOCH: MICHAEL HOFFMANN }
Eine magische Essenz — S. 104

EAT DRINK MAN WOMAN
{ KOCH: TIM RAUE }
Hummer Dim Sum — S. 108
Gedämpfter Kabeljau,
Sojasud, Pak Choi mit
Zitronenschale — S. 110

HOW TO COOK YOUR LIFE
{ KOCH: EDWARD ESPE BROWN }
Fünf-Elemente-Salat — S. 114
Couscous und Kichererbseneintopf mit
Spinat und Safran — S. 116

RED OBSESSION
{ KOCH: KOLJA KLEEBERG }
Tofu '82 mit Petoncle, Gurken und
schwarzem Pfeffer — S. 120
Lo Bak Go mit Heilbutt,
Cabernet-Choy Sum
und brauner Butter — S. 122

Gedankenfutter

FOOD, INC.
{ KOCH: TIM RAUE }
Gewürztofu — S. 128
Eintopf von Kürbis, Möhre und Ingwer
mit weißen Bohnen — S. 130

SLOW FOOD STORY
{ KOCH: MICHAEL HOFFMANN }
Pistou Ravioli — S. 134
Gerührte Polenta und gegrillte
Artischocken — S. 136
Erdbeeren mit Basilikum, Schaumbrot
und Pinot-Eis — S. 138

MUGARITZ B.S.O.
{ KOCH: ANDONI ADURIZ }
Warmer weißer Spargel
mit brauner Butter — S. 142
Iberische Schweineschwänze
mit pikanter Marmelade — S. 144
Baiser vom grünen Tee mit
mariniertem Apfel — S. 146

WILLKOMMEN MR. CHANCE
{ KOCH: MICHAEL HOFFMANN }
Jahreszeiten im Glas — S. 150
Rotkohl, Kartoffel-Walnuss-Püree,
Granatapfelbutter
und Pampelmuse — S. 152
Crêpe mit Sanddorn und
Grand Marnier — S. 154

Köche von Morgen

RATATOUILLE
{ KOCH: JOHANNES KING }
Gefüllte Gemüsezwiebel
mit Grünkernrisotto — S. 160
Friesischer Brot- und Butterpudding mit
Backpflaumenragout — S. 162

GOLDRAUSCH
{ KOCH: MARCO MÜLLER }
Knusprige Poulardenbrust,
gebratener Romanasalat,
Parmesannuggets,
Orangensauce — S. 166
Bananen-Schokoladen-Pancake,
Erdbeersalat — S. 168

DER FANTASTISCHE MR. FOX
{ KÖCHIN: SONJA FRÜHSAMMER }
Variationen vom Hähnchen — S. 172
Apfel-Ingwer-Muskatnuss-
Taler — S. 174

TOAST
{ KOCH: MICHAEL KEMPF }
Pochiertes Bio-Landei, Kraut
und Rüben — S. 178
Kabeljau mit Röstzwiebelkruste,
Kartoffelrisotto,
Kressetapioka — S. 180
Karamellisierte Zitronentarte,
Piña-Colada-Schaum
und Ananassalat — S. 182

Einladung

ZUM FILMDINNER

LIEBE GOURMETS,
LIEBE CINEASTEN, FREUNDE
DES GUTEN LEBENS...

Dieses Buch enthält Rezepte für ein geselliges Beisammensein der besonderen Art und möchte Sie dazu verführen, Gastgeber eines Filmdinners zu werden. Servieren Sie nach dem Film ein Essen, das vom Film inspiriert ist. Die meisten Rezepte kommen aus der Sterneküche. Sie sind nicht wirklich kompliziert, einige davon verlangen nur reichlich von der Grundzutat „Zeit".

Essen und Kino sind Erlebnisse, die erst ihr volles Aroma und Vergnügen entfalten, wenn man sie mit anderen teilt. Zu Hause haben Sie die Möglichkeit, kulinarisches Kino mit Freunden und Familie unabhängig von den Abläufen eines Restaurants zu genießen. Die beste Voraussetzung für eine gute Unterhaltung ist die Abgeschiedenheit in Ihrer Küche oder dem Esszimmer, denn dort kann mühelos eine Vertrautheit entstehen, die in der Öffentlichkeit unmöglich ist.

Spitzen- und Sterneköche aus Deutschland, Luxemburg und Spanien haben sich von den besten kulinarischen Filmen anregen lassen und Rezepte geschrieben. Ob an der festlichen Tafel, am bunten Kindertisch, am Küchentisch – das Tischtuch und die Leinwand gehen eine genussvolle Verbindung ein.

THOMAS STRUCK {FILMEMACHER} UND

KARIN LAUDENBACH {AUTORIN}

IM BRENNPUNKT

Das Essen war schon bei der ersten Filmvorführung der Welt ein Thema, als die Brüder Lumière 1895 ihren kurzen Film *Die Mahlzeit des Babys* vorführten. Die Kamera und der Projektor, mit dem „lebende Bilder" produziert werden konnten, revolutionierten die Sicht auf die Welt. Ein Bauteil, nach der Form eines Lebensmittels benannt, ist bis heute in allen Kameras und Projektoren enthalten: die Linse, deren Brennpunkt erst scharfe Bilder ermöglicht.

Die Methode, mit einem Brennpunkt, dem Fokus, Feuer zu entfachen, kannten schon die kochlustigen Römer. Das lateinische Wort *focus* bedeutet Feuer und Herd – und der war seit Urzeiten heilig. Denn mit einer warmen Mahlzeit begann das Abenteuer, Mensch zu werden. Das, so schätzen Anthropologen, geschah vor etwa zwei Millionen Jahren.

„Ohne das Feuer müssten wir wie die anderen Tiere leben", schreibt der Primatologe Richard Wrangham. „Die Nächte wären kalt, finster und gefährlich, und wir müssten hilflos auf den Sonnenaufgang warten. Alles, was wir äßen, wäre roh. Wir Menschen sind die kochenden Affen, Geschöpfe des Feuers." Die Feuerstelle, das ist sonnenklar, ist das Zentrum unserer Zivilisation. Darum endet auch jede gute Party in der Küche.

Zwischen dem *focus* des Herdes und dem Fokus der Kamera spannt sich der Bogen dieses Buchs. Sowohl das Essen als auch der Film wecken Erinnerungen, erzählen Geschichten und erzeugen Gefühle. Wie Magier verwandeln wir die Bilder der Leinwand in wohlschmeckende Speisen auf dem Teller.

5 STUFEN ZUR MEISTERSCHAFT

GEHEN WIR ALSO IN DIE KÜCHE.

Wenn wir weiter von *dem* Koch schreiben, hoffen wir, dass uns die Köchinnen dies nachsehen. In Frankreich heißen auch die Köchinnen „*le* chef", und wie man weiß, ist dieses Land schließlich eine Gourmet-Autorität.

1. Koch und Regisseur haben vieles gemeinsam. Am Anfang sucht man eine Idee oder sie fliegt einem zu. Was soll ich kochen? Worum soll es in dem Film gehen? Der Filmemacher findet vielleicht einen Menschen und seine Geschichte, der Koch ein Rezept oder einen Anlass – wie einen Film – inspirierend.
In jedem Fall, ob beim Kochen oder Filmen, ist eine Grundzutat besonders wichtig: die Zeit. Wer kocht, lebt nicht nur für den Moment. Er denkt voraus. Das Gefühl fürs Timing ist sowohl beim Kochen als auch beim Erzählen einer Geschichte entscheidend für das Gelingen.

2. Die zweite Phase der Vorbereitungen führt in der Küche zum „mise en place". Es beginnt mit der sorgfältigen Auswahl der Produkte, und nach vielen Schritten liegen Ihre Zutaten und Werkzeuge schließlich in der richtigen Reihenfolge vor Ihnen. Beim Film heißt dieser Prozess „Pre-Production". Das Drehbuch wird geschrieben, Finanzierungen werden gesucht, Besetzungen und Orte gefunden. Laden Sie einen Freund, eine Freundin oder die Freunde Ihrer Kinder ein, mit denen Sie gemeinsam kochen. So beginnt schon in der Küche, was Sie am Ende genießen wollen: Geselligkeit.

3. Die dritte Phase ist die Verwandlung. Jetzt wird gewissermaßen Feuer gemacht. In der Küche ist aus der heroischen Tat des Prometheus ein Knopfdruck geworden. Beim Film wird auf den Auslöser der Kamera gedrückt, und die Lichtstrahlen erreichen den Brennpunkt. Bewegte Bilder werden aufgezeichnet. Auf dem Herd wird das Rohe gar. Die Metamorphosen in Küche und Kamera bewahren trotz aller physikalisch erklärbaren Vorgänge ihre magischen Momente. Wer kann erklären, warum jemand fotogen oder befangen wird, wenn die Kamera läuft, oder warum das Essen heute besser schmeckt als gestern. Den Hüter dieses Geheimnisses nannten die antiken Griechen „Mageiros". Ein Wort für drei Berufe: Schlachter, Koch und Priester. Das ist jetzt Ihr Posten in der Küche: Magierin oder Zauberer.

4. In der vierten Phase wird zum Beispiel der knusprige Braten aus dem Ofen geholt, er muss ruhen, Saucen werden reduziert, Beilagen zubereitet. Während der Postproduktion beim Film setzt sich der Regisseur in den Schneideraum und fügt die Teile zusammen, bis sie seine Geschichte ergeben. Wie in der Küche wird reduziert und arrangiert. Kontraste erzeugen Spannung, wie Süße und Säure, Angst und Hoffnung, hell und dunkel. In der Küche kann jetzt der erste Gang angerichtet werden, und beim Film wird der Regisseur nervös: Die Premiere steht bevor.

5. In der letzten Phase wird projiziert und serviert. Deswegen haben Sie den ganzen Zauber veranstaltet. Der Philosoph Jean Anthelme Brillat-Savarin beschrieb 1826, wie der feine Geschmack Verbindungen schafft, durch die sich „jener gesellige Geist ausbreitet, der die Unterhaltung belebt und die Ecken der gebräuchlichen Ungleichheit abschleift."

In *Babettes Fest* erleben wir, wie der Geschmackssinn den Geist befreit und die Liebe an den Tisch holt. Die Metamorphosen der Küche setzen sich am Tisch fort. Die Beziehungen der Menschen verwandeln sich: Hass in Liebe, Ignoranz in Zuwendung, Misstrauen in Vertrauen. Genießen Sie also schon den Einkauf, die Vorbereitung in der Küche – wie ein guter Koch, wie ein guter Regisseur.

{GLEICH GEHT DAS LICHT AUS} **FILM AB**
{AUS DER KÜCHE ZIEHT EIN WUNDERBARER DUFT HERÜBER} **GUTEN APPETIT!**
PROST! ES LEBE DAS LEBEN!

BRUST ODER KEULE 1976

SAVOIR-vivre

EINFÜHRUNG
IN FILME
UND GERICHTE

FRANKREICHS KÜCHE IM FILM

Die beiden wichtigsten Zutaten dieses Buches kommen aus Frankreich. Der Film wurde von den Brüdern Lumière, was Licht bedeutet, in Lyon erfunden. 1895 gab es die erste Filmvorführung der Welt. Und gleich ging es ums Essen. In *Le repas de bébé* filmen die Brüder, wie ein Baby gefüttert wird. Frankreich ist eine Filmnation geblieben. Dort gehen ein Drittel mehr Menschen ins Kino und sehen doppelt so viele nationale Produktionen als bei uns in Deutschland. Die zweite Zutat ist die Liebe zum Essen. Die französische Küche hat die Welt geprägt. Das zeigt sich schon in der Küchensprache, die mit zahlreichen französischen Worten durchwachsen ist, wie „Restaurant", wo man mit „Sauce" kleckern kann und sich „bon appétit!" wünscht.

Dieser Ausruf war stets jubelnder Abschluss einer Fernsehsendung der amerikanischen Köchin Julia Child. Ihr Kochbuch *Mastering the Art of French Cooking* ist seit über einem halben Jahrhundert ein Bestseller. Der Film *Julie & Julia* mit Meryl Streep erzählt, wie das Buch entstand und welch großen Einfluss es auch heute noch hat.

Eine legendäre Pariser Köchin im Exil, die aus Heimweh noch einmal richtig kochen will, zeigt *Babettes Fest*. Hier geht es um Frankreichs Haute Cuisine, die seit 2010 von der UNESCO als „immaterielles Weltkulturerbe" anerkannt ist. Die geheimnisvolle immaterielle Seite des Essens wie Tischsitten und Tabus hat Luis Buñuel in *Der diskrete Charme der Bourgeoisie* genial in Szene gesetzt.

Lust am Essen und Überdruss ist Thema der Komödie *Das große Fressen*, der erste Spielfilm der Filmgeschichte, der sich nur ums Essen dreht. Der Wein ist Leitmotiv in *Sideways*. Hier wird in Kalifornien eine Hymne auf die Burgundertraube Pinot Noir gesungen. Doch die Vorherrschaft der französischen Küche beginnt zu bröckeln. Spanische Molekularköche wollen in der Komödie *Kochen ist Chefsache* die Haute Cuisine erobern. Aber Jean Reno als Chefkoch weist die Eindringlinge in ihre Schranken. In Belgien kommen viele der beliebten Muscheln, wie *L'Amour des Moules* zeigt, aus holländischer Zucht. Mit den Rezepten unserer Meisterköchinnen und -köche können Sie französische Lebensart und „Savoir-vivre" zu Hause genießen. Die wichtigste Regel beim Kochen heißt laut Léa Linster „avec l'amour". Bon appétit! Film ab!

BABETTES FEST { KÖCHIN: LÉA LINSTER } SEITE **16**
DAS GROSSE FRESSEN { KOCH: CHRISTIAN LOHSE } SEITE **24**
KOCHEN IST CHEFSACHE { KÖCHIN: SONJA FRÜHSAMMER } SEITE **32**
DER DISKRETE CHARME DER BOURGEOISIE { KOCH: BOBBY BRÄUER } SEITE **38**
BRUST ODER KEULE { KOCH: MARCO MÜLLER } SEITE **44**
JULIE & JULIA { KÖCHIN: CORNELIA POLETTO } SEITE **50**
SIDEWAYS { KOCH: TIM RAUE } SEITE **56**
L'AMOUR DES MOULES { KOCH: JOHANNES KING } SEITE **62**

{ Babette }

KÖCHIN IM DÄNISCHEN EXIL

gewinnt 10.000 Francs und richtet damit im Dorf ein opulentes Festmahl aus.

WEISS ALS EINZIGER BABETTES EXQUISITE KÜCHE ZU SCHÄTZEN

„In einem ganz mondänen Restaurant in Paris war der Küchenchef eine Frau."

{ General Löwenhjelm }

FÜHREN EINEN FROMMEN HAUSHALT

„Oh, dieses französische Essen. Da ist mir auch nicht wohl dabei."

{ Martina } **{ Philippa }**

DIE DORFBEWOHNER finden, Babettes Küche ist ein teuflischer Ort der Gelüste und vereinbaren Stillschweigen beim Menü.

BABETTE: **STÉPHANE AUDRAN**
MARTINA: **BIRGITTE FEDERSPIEL**
PHILIPPA: **BODIL KJER**
LORENS LÖWENHJELM: **JARL KULLE**

16 BABETTES FEST

BABETTES FEST

Babettes Gæstebud

MELODRAM — DÄNEMARK — 1987 — 102 MIN.

REGIE: GABRIEL AXEL
PRODUKTION: JUST BETZER — BO CHRISTENSEN
KÖCHIN: LÉA LINSTER

VORSPEISE

Gebeizter Wildlachs auf Blini mit Kaviar

HAUPTGANG

Rinderconsommé mit Steinpilzen

DESSERT

Crème brûlée

Grau und wild ist das dänische Meer, über das Babette, ehemals Küchenchefin eines berühmten Pariser Restaurants, flieht. Sie hat nach dem Aufstand der Kommune 1870/71 ihre Familie und Habe verloren. Bei den frommen Schwestern Philippa und Martina findet Babette Asyl. Sie leben in einem grauen Küstendorf und führen das Vermächtnis ihres Vaters, eines pietistischen Probstes, weiter. Babette arbeitet als Küchenmagd der Schwestern, die auch Arme, Alte und Kranke bekochen. In dieser kulinarischen Einöde gibt es Biersuppe mit altem Brot und Stockfisch. Einzig ein Lotterielos bleibt Babettes Verbindung nach Paris. Sie gewinnt 10 000 Francs. Damit will sie ein französisches Festessen ausrichten. Anlass ist der 100. Geburtstag des Probstes, Dankbarkeit für das Asyl und der Wunsch, noch einmal so opulent zu kochen wie früher. Ein Schiff bringt eine große, lebende Schildkröte und piepsende Wachteln, Champagner, Kaviar, exotisches Obst und viele Flaschen kostbaren Wein. Babettes Küche verwandelt sich für die frommen Schwestern in einen alptraumhaften, teuflischen Ort der Gelüste. Deshalb vereinbart die Gemeinde vor dem Essen, kein Wort über den Geschmack der Speisen zu verlieren. Es gibt nur einen Gast, den weltgewandten General, der nichts von dieser Abmachung weiß. Babette verwandelt die karge Stube in einen glitzernden Festsaal und bringt die Augen der Gäste zum Leuchten, die Wangen zum Glühen. „Sie hat die Fähigkeit, ein Menü in eine Art Liebesaffäre zu verwandeln, bei der man nicht mehr zwischen physischem und geistigem Appetit unterscheiden kann", schwärmt der General an der Tafel, der sich an Babettes legendäre Menüs zu Pariser Zeiten erinnert. Mit Blinis und Kaviar verführt uns Léa Linster in die Welt der Babette. Als Hauptgang serviert sie eine Consommé, eine glasklare Angelegenheit, die erst im Geschmack ihre Substanz offenbart. Mit ihr ehren wir die französische Küche, die, wie Alexandre Dumas schreibt, „ihre Überlegenheit der ausgezeichneten französischen Bouillon verdankt". Zum Dessert legt Frau Linster Feuer und serviert eine Crème brûlée mit knusprigem Karamellüberzug.

WEINEMPFEHLUNG

Köche lieben Champagner. Warum genießen Sie nicht einfach eine VEUVE CLICQUOT wie im Film?

„Ein Menü beginnt immer mit einer Verführung von Auge und Nase."

{LÉA LINSTER}

GEBEIZTER WILDLACHS auf Blini mit Kaviar

ZUTATEN
{4 PERSONEN}

WILDLACHS — 800 g Wildlachsfilet, mit Haut, geschuppt und entgrätet — 500 g grobes Meersalz — 350 g Zucker — 50 g schwarzer Pfeffer, zerdrückt oder sehr grob gemahlen — 80 g Fenchelsamen
BLINI — ½ TL Trockenhefe — 1 Prise Zucker — 70 g Weizenmehl — 40 g Buchweizenmehl — Salz — 125 ml Milch, lauwarm — 1 Ei, getrennt — 1 EL Butter, zerlassen — 2 EL saure Sahne — Öl zum Ausbacken
SAHNE — 3 EL Crème fraîche — 2 EL geschlagene Sahne — 1 EL flüssige Sahne — feines Meersalz — Zitronensaft
GARNITUR — Sevruga Kaviar, Lachs- oder Forellenkaviar (etwa 8–10 g pro Person) — Schnittlauchspitzen

{1 H 10 MIN + BEIZEN}

WILDLACHS — Lachs 2 Tage im Voraus zubereiten. Salz, Zucker, Pfeffer und Fenchelsamen zu einer Beize mischen. Ein Drittel der Beizmischung in eine längliche Schüssel geben. Lachsfilet mit der Hautseite nach unten auf die Beize legen und großzügig mit der restlichen Beize bedecken. Mit Frischhaltefolie abdecken und im Kühlschrank je nach Dicke 36–48 Stunden beizen lassen. Filet aus der Beize nehmen, unter kaltem Wasser abwaschen und mit Küchenpapier trocken tupfen. Gebeizten Lachs mit einem scharfen Messer in dünne Scheiben schneiden. Jeweils 2–3 Lachsscheiben übereinander legen und mit einem Ausstecher 12 Kreise mit 7 cm Durchmesser ausstechen.
BLINI — Hefe, Zucker, beide Mehlsorten und Salz vermischen. Lauwarme Milch unterrühren und diesen Vorteig zugedeckt an einem warmen Ort etwa 30 Minuten gehen lassen, bis sich das Volumen verdoppelt hat. Teig kräftig rühren, dabei Eigelb, zerlassene Butter und saure Sahne dazugeben. Eiweiß mit 1 Prise Salz steif schlagen und vorsichtig unter den Teig heben. Reichlich Öl in einer großen Pfanne erhitzen und aus dem Teig nacheinander etwa 30 Blini (kleine Pfannkuchen) backen. Etwa die Hälfte der Blini einfrieren und bei anderer Gelegenheit verwenden. Restliche Blini in den warmen Backofen stellen.
SAHNE — Für die Sahne die Crème fraîche glatt rühren. Mit der geschlagenen und der flüssigen Sahne zu einer halbfesten Creme aufschlagen. Mit Salz und einigen Tropfen Zitronensaft abschmecken.
ANRICHTEN — Pro Person 3 Blini mit den Lachskreisen belegen. Mit einem Esslöffel Sahne, einem guten Teelöffel Kaviar und einigen Schnittlauchspitzen garnieren. Auf vorgewärmten Tellern servieren.

SAVOIR-VIVRE 19

RINDERCONSOMMÉ mit Steinpilzen

ZUTATEN
{6–8 PERSONEN}

CONSOMMÉ — 400 g Rindfleisch (aus der Wade) — 1 kleine Zwiebel — 1 Karotte
1 Stange Staudensellerie — feines Meersalz — 1 Eiweiß — einige Eiswürfel
1,5 l kalte Rinderbrühe, entfettet — 2 Tomaten — 1 Lorbeerblatt
5 schwarze Pfefferkörner — 1 Zweig frischer Thymian — Petersilienstängel
trockener Sherry zum Abschmecken
SUPPENEINLAGE — 4–5 frische, mittelgroße Steinpilze oder 75 g getrocknete Steinpilze

{2 H 30 MIN + KOCHEN}

CONSOMMÉ — Rindfleisch in längliche Stücke schneiden. Zwiebel, Karotte und Sellerie schälen und mit dem Fleisch durch die große Scheibe eines Fleischwolfs drehen. Fleisch-Gemüsemischung leicht salzen und mit Eiweiß und einigen Eiswürfeln vermischen. Das ergibt den sogenannten Kläransatz. Diesen in einen großen Topf geben und mit der kalten Rinderbrühe aufgießen. Tomaten waschen, Strünke entfernen und Fruchtfleisch klein schneiden. Tomatenwürfel zur Brühe geben. Alles gut miteinander vermengen. Lorbeerblatt, Pfefferkörner, Thymian und Petersilienstängel hinzufügen und das Ganze bei niedriger Hitze langsam bis unter den Siedepunkt erhitzen, aber nicht aufkochen lassen. Dabei anfangs gelegentlich umrühren, damit der Kläransatz nicht am Topfboden ansetzt. Sobald die Brühe jedoch heiß ist, nicht mehr umrühren, da sonst die Consommé trüb wird. Brühe bei niedriger Hitze 1 Stunde ziehen lassen, bis die Flüssigkeit ganz klar ist und der Kläransatz beginnt, sich abzusetzen. Consommé vorsichtig mit einem Schöpflöffel durch ein mit einem sauberen Mulltuch (Passiertuch) ausgelegtes feines Sieb gießen und so passieren. Mit Salz und etwas Sherry herzhaft abschmecken.

SUPPENEINLAGE — Steinpilze putzen, halbieren und in dünne Scheiben schneiden. Etwas Consommé in einem kleinen Topf erhitzen und die Steinpilzscheiben darin kurz gar ziehen lassen. Abgießen und abtropfen lassen. Wenn getrocknete Steinpilze verwendet werden, diese 30 Minuten in warmem Wasser einweichen, fein schneiden und in die heiße Consommé geben.

ANRICHTEN — Pro Person 1 Kaffeetasse oder kleine Suppenschale vorwärmen. Consommé erhitzen, auf die Tassen oder Schälchen verteilen, mit ein paar Steinpilzscheiben garnieren und servieren. Am Tisch mit einem extra Schuss Sherry würzen.

WEINEMPFEHLUNG

Von der Côte de Nuits kommen die Burgunder, die im Film getrunken werden. Wie wäre es mit einem Clos de Vougeot von MÉO-CAMUZET?

SAVOIR-VIVRE 21

WEINEMPFEHLUNG

MAS AMIEL 15 Ans d'Age aus der Apellation Maury im Roussillon – der würde dem General schmecken.

„Das Einzige, was wir mitnehmen in den Himmel, ist das, was wir auf Erden verschenkt haben."

{BABETTE}

CRÈME brûlée

ZUTATEN
{4–6 PERSONEN}

160 ml Milch — 300 g Sahne — 80 g Zucker — 4 Eigelb
1 Vanilleschote — 4–6 EL brauner Zucker

{30 MIN + KÜHLEN & BACKEN}

CRÈME BRÛLÉE — Milch, Sahne, Zucker und Eigelb gut miteinander vermischen. Vanilleschote halbieren, mit einem kleinen Messer das Mark auskratzen und unter die Sahnemischung rühren. Mischung 1 Stunde, am besten über Nacht, zugedeckt im Kühlschrank ruhen lassen. Backofen auf 100 °C vorheizen. Sahnemischung durch ein feines Sieb gießen und auf 4–6 flache, ofenfeste Förmchen oder Schalen verteilen. Förmchen etwa 1 Stunde in den Ofen stellen, bis die Creme stockt. Aus dem Ofen nehmen und im Kühlschrank 2–3 Stunden durchkühlen lassen. Kurz vor dem Servieren die Oberfläche der Creme gleichmäßig mit braunem Zucker bestreuen und mit einem Bunsenbrenner erhitzen, bis der Zucker karamellisiert und braun wird. Sofort servieren.

MARCELLO: MARCELLO MASTROIANNI
UGO: UGO TOGNAZZI
MICHEL: MICHEL PICCOLI
PHILIPPE: PHILIPPE NOIRET
ANDREA: ANDRÉA FERRÉOL

{ Andrea }
NACHBARIN unterstützt die Herren bei ihrer Mission.

MICHEL
„Im Grunde besteht das Leben nur aus Begleiterscheinungen."

GEBEN IHRE VERLOBUNG BEKANNT

PLANEN KOLLEKTIVEN SELBSTMORD DURCH ÜBERMÄSSIGES ESSEN

{ Marcello } { Michel } { Philippe } { Ugo }

„Ich finde euch widerlich, grotesk und dekadent. Warum esst ihr so viel? So viel frisst ja nicht mal ein primitives Tier."

{ Prostituierte }
anfänglich zu dritt, verlassen sie nach und nach angeekelt das Anwesen.

24 DAS GROSSE FRESSEN

La grande bouffe
DAS GROSSE Fressen

SCHWARZE KOMÖDIE — FRANKREICH — 1973 — 130 MIN.

REGIE: **MARCO FERRERI**
PRODUKTION: **VINCENT MALLE — JEAN PIERRE RASSAM**

KOCH: **CHRISTIAN LOHSE**

Das große Fressen aus dem Jahr 1973 ist der erste Spielfilm der Filmgeschichte, in dem Essen das Hauptthema ist. Die Geschichte ist einfach, und sie ist schrecklich. Vier Freunde treffen sich zum Essen und wollen daran sterben – nicht, weil es vergiftet ist, sondern weil es so gut ist, dass sie essen bis sie quasi platzen. Auf dem Weg dorthin platzt allerdings zuerst das Toilettenrohr. Doch das unersättliche Fressquartett, gespielt von Mastroianni, Piccoli, Noiret und Tognazzi, verfolgt unbeirrt sein Ziel. Die Männer werden unterstützt von einer Nachbarin, gespielt von Andréa Ferréol, die der Völlerei eine erotische Komponente hinzufügt. Sie verlobt sich mit Philippe, der sein Ende mit einer Portion Pudding in Form eines übergroßen Busens erreicht. Die Besucher der Premiere beim Festival in Cannes waren entsetzt: Sie buhten und schlugen sogar die Schauspieler. Philippe Noiret konterte, der Film hätte den Bürgern nur einen Spiegel vorgehalten. Zum vierzigsten Jahrestag der Premiere in Cannes regte sich niemand mehr auf. Man ging danach gemütlich zum Essen. Der Film liefert reichlich Gesprächsstoff: Leben und Tod (die Küche ist der Ort, wo beides koexistiert), Lust, Übersättigung, Bruch der Regeln, Freiheit. Michel Piccoli (Jahrgang 1925) sagte nach der Wiederaufführung: „Ich hatte das große Glück, viel mit dem Regisseur dieses Films und den wunderbaren Schauspielern zusammenarbeiten zu dürfen. Sie sind alle tot. Es war mir danach, das zu sagen, denn es macht mich unglaublich traurig. Aber das sollte uns nicht davon abhalten zu lachen." Zwei-Sterne-Koch Christian Lohse, Kenner der französischen Küche, hat ein Menü zusammengestellt, das sowohl dem Freund deftigen Essens als auch dem sensiblen Feinschmecker etwas bietet. Machen Sie es wie im Film, laden Sie ein paar Freunde ein und vielleicht kochen Sie auch zusammen. Keine Angst vor Haute Cuisine. Christian Lohse macht Ihnen Mut und sagt: „Auf Sterneniveau für acht Leute kochen kann jeder, aber dann kommen wir." Damit steht die Obergrenze der Personenanzahl für die Einladung zu dieser Orgie fest. Für das richtige Maß beim Essen müssen Sie dann selbst sorgen.

VORSPEISE

Fette Blutwurstsuppe mit Spitzkohl

ZWEITER GANG

Geangelte Atlantik-Seezunge mit Pfifferlingen und Rahmsauce von Château Chalon

DRITTER GANG

Halbwilde Ente mit geschmorten Gewürzfeigen

SAVOIR-VIVRE

FETTE Blutwurstsuppe
mit Spitzkohl

WEINEMPFEHLUNG

Elsässischer Riesling Grand Cru, 10 Jahre oder älter.

ZUTATEN
{4 PERSONEN}

BLUTWURSTSUPPE — 100 g weiße Zwiebeln, geschält und in Streifen geschnitten 100 ml Olivenöl — 200 g kreolische Blutwurst (scharfe, nach Sandelholz riechende Blutwurst), ohne Darm und grob gehackt — Meersalz — schwarzer Pfeffer, gestoßen — 400 g Geflügelbrühe — Aceto Balsamico (12 Jahre alt) zum Anrichten
KOHL — 100 g weiße Zwiebeln, geschält und in feine Streifen geschnitten — 50 g Butter 50 ml Olivenöl — 200 g Spitzkohl, geputzt und in feine Streifen geschnitten 100 ml Sahne — Meersalz — brauner Streurohrzucker (z. B. von Béghin Say) — 1 EL Schnittlauch, fein gehackt
GARNITUR — Aceto Balsamico (12 Jahre alt) — Schnittlauchröllchen

{45 MIN}

BLUTWURSTSUPPE — Zwiebelstreifen in Olivenöl in einem hohen Topf glasig anschwitzen. Blutwurst dazugeben und mit Meersalz sowie Pfeffer würzen. Anschließend Geflügelbrühe dazugießen. Alles aufkochen und 20 Minuten köcheln lassen. Mit einem Pürierstab sämig mixen und heiß stellen.
KOHL — Zwiebeln in Butter und Olivenöl in einem flachen Topf glasig anschwitzen. Kohlstreifen dazugeben, Sahne angießen und alles mit Salz und Zucker würzen. Kohl in 10 Minuten bissfest dünsten. Zum Schluss Schnittlauch unterheben.
ANRICHTEN — Kohl in die Mitte eines tiefen Tellers geben, darauf die Blutwurstsuppe gießen, einen Schuss Aceto Balsamico darübergeben und mit Schnittlauchröllchen bestreuen.

—

„Marcello, willst du Blutwurst?"

—

{MICHEL}

GEANGELTE ATLANTIK-Seezunge mit Pfifferlingen und RAHMSAUCE VON CHÂTEAU CHALON

ZUTATEN
{4 PERSONEN}

SAUCE — 300 ml Château Chalon (Weißwein aus dem Jura) — Meersalz
brauner Rohrzucker — 250 ml Sahne — 80 g Butter — 50 ml Crème fraîche
schwarzer Pfeffer, gestoßen — Kerbel, gehackt
PILZE — 100 ml Olivenöl — 400 g Pfifferlinge oder Herbsttrompeten, geputzt
Salz — 2 EL Kerbel, gehackt und mehr zum Garnieren — 2 EL Cashewkerne, gehackt
FISCH — 2 Seezungen (à 600–800 g), filetiert und ohne Haut — Salz
100 ml Olivenöl — 200 g Butter

{1 H}

WEINEMPFEHLUNG

Trinken Sie dazu den Château-Chalon aus dem Jura, der auch für die Sauce verwendet wird.

SAUCE — Wein bei niedriger Hitze auf 75 ml einkochen. Mit Salz und etwas Zucker würzen. Sahne dazugeben und alles wieder auf ein Drittel reduzieren. Dann mit einem Pürierstab Butter und Crème fraîche untermixen. Sauce mit Salz, Zucker, Pfeffer sowie Kerbel abschmecken und warm stellen.
PILZE — Olivenöl in einer Pfanne sehr stark erhitzen, bis es raucht. Pilze kurz darin braten, anschließend mit Salz würzen. Pilze in eine Schüssel geben und mit Kerbel sowie Cashewkernen vorsichtig vermengen.
FISCH — Seezungenfilets mit Salz würzen und in einer Pfanne in Olivenöl von beiden Seiten goldbraun anbraten. Butter dazugeben, zerlassen und den Fisch damit regelmäßig begießen, bis er den gewünschten Garpunkt erreicht hat. Aus der Pfanne nehmen und die Filets längs halbieren.
ANRICHTEN — Auf einem Teller je 2 Filetstücke anrichten. Pilze darauf verteilen und mit der Sauce beträufeln. Zum Schluss mit Kerbelblättchen garnieren.

SAVOIR-VIVRE

WEINEMPFEHLUNG

Ein gereifter Châteauneuf-du-Pape, zum Beispiel von LE VIEUX DONJON.

HALBWILDE ENTE
mit geschmorten
Gewürzfeigen

ZUTATEN
{6 PERSONEN}

ENTE — 2 halbwilde Enten — Meersalz — 2 EL Olivenöl — 100 g Röstgemüse (Karotte, Staudensellerie, Zwiebel), fein gewürfelt — 1 l Geflügelbrühe — 100 g Nussbutter (erhitzte, gebräunte Butter)
SAUCE — 200 ml Aceto Balsamico — 300 ml Entenjus — Meersalz frisch gemahlener schwarzer Pfeffer — 50 g Butter
FEIGEN — 100 g Butter — 12 Feigen — 50 g brauner Rohrzucker — Meersalz 1 TL Quatre-épices (franz. Gewürzmischung aus Pfeffer, Nelken, Muskat und Ingwer)
GARNITUR — 1 Bund Rucola — 1 EL Olivenöl — Meersalz

{1 H 30 MINUTEN + SCHMOREN & BRATEN}

ENTE — Entenbrustfilets und Keulen von den Knochen lösen. Keulen mit Salz würzen und in einem gusseisernen Bräter in Olivenöl von allen Seiten gut anbraten. Röstgemüse dazugeben und alles mit Geflügelbrühe auffüllen. Etwa 1 Stunde zugedeckt bei niedriger Hitze köcheln lassen. Keulen aus der Brühe nehmen, erkalten lassen und kurz vor dem Servieren in einer Pfanne knusprig nachbraten. Haut von den Brustfilets lösen. Fleisch mit Salz würzen und in Nussbutter blutig braten.

SAUCE — Aceto Balsamico in einem Topf bei niedriger Hitze auf 50 ml einköcheln. Dann Entenjus angießen. Alles aufkochen und mit Salz und Pfeffer abschmecken. Zum Schluss Butter mit einem Schneebesen einrühren.

FEIGEN — Butter in einer Pfanne erhitzen, bis sie schaumig wird. Feigen kurz darin ziehen lassen, dann Zucker, Salz und Quatre-épices dazugeben. Feigen bei niedriger Hitze gar ziehen lassen, bis der Zucker karamellisiert ist.

ANRICHTEN — Ente in 18 Stücke teilen und jeweils 3 Stücke mit 2 Feigen auf einem Teller anrichten. Rucola putzen. Mit Olivenöl und etwas Salz marinieren und neben der Ente anrichten. Etwas Sauce um das Fleisch und die Feigen geben und sofort servieren.

—

„Ich bin ein Würzer. Da gibt es kein Pardon."

—

{CHRISTIAN LOHSE}

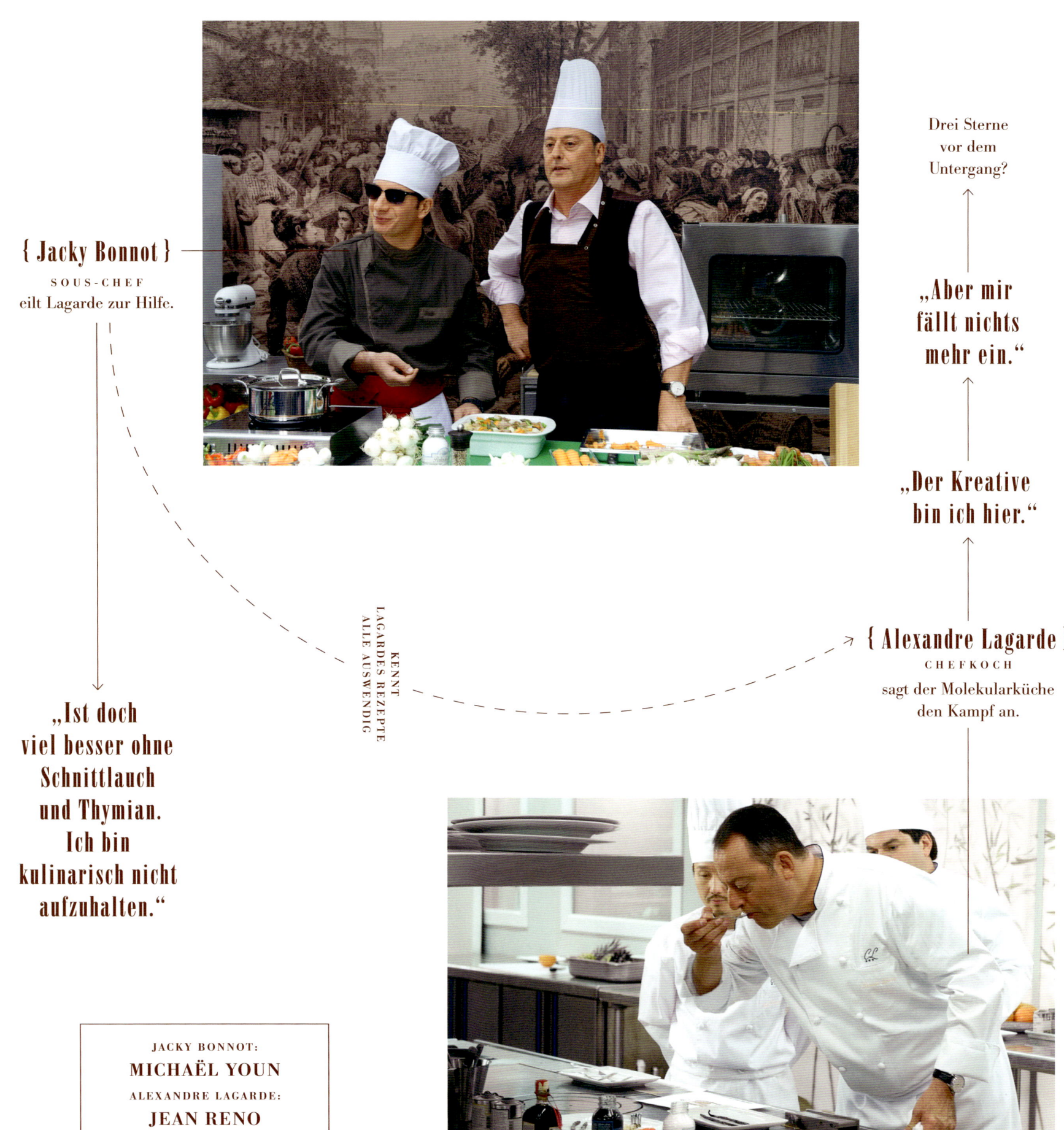

{ Jacky Bonnot }
SOUS-CHEF
eilt Lagarde zur Hilfe.

„Ist doch viel besser ohne Schnittlauch und Thymian. Ich bin kulinarisch nicht aufzuhalten."

KENNT LAGARDES REZEPTE ALLE AUSWENDIG

Drei Sterne vor dem Untergang?

„Aber mir fällt nichts mehr ein."

„Der Kreative bin ich hier."

{ Alexandre Lagarde }
CHEFKOCH
sagt der Molekularküche den Kampf an.

JACKY BONNOT:
MICHAËL YOUN
ALEXANDRE LAGARDE:
JEAN RENO

32 KOCHEN IST CHEFSACHE

Kochen ist CHEFSACHE

Comme un chef

KOMÖDIE — FRANKREICH — 2012 — 84 MIN.

REGIE: **DANIEL COHEN**
PRODUKTION: **GAUMONT — TF1 FILMS PRODUCTION
A CONTRACORRIENTE FILMS**

KÖCHIN: **SONJA FRÜHSAMMER**

HAUPTGANG

Kabeljau mit Zitrone, Kartoffel-Espuma und Liebstöckelbohnen

DESSERT

Karamellmousse mit Blätterteig und geschmorten Äpfeln

„Die Schöpfung bin ich", sagt Chefkoch Alexandre Lagarde auf dem Höhepunkt seiner Krise. Seit einer gastronomischen Ewigkeit führt er ein Drei-Sterne-Restaurant in einem Pariser Hotel. Doch der neue Geschäftsführer will Innovation, mehr noch, er will molekulare Küche einführen, weil einige der Aktionäre des Hotels mit Lebensmittelchemie Geschäfte machen. Das ist für Lagarde Verrat an der Küchentradition, und er lehnt diese Idee strikt ab. Um den uneinsichtigen Chefkoch loszuwerden, spinnt der Geschäftsführer Intrigen, damit Lagarde bei der nächsten Bewertung seine Sterne verliert. Einen Sous-Chef nach dem anderen versetzt er in andere Restaurants. Lagarde ist bald so gut wie alleine in der Küche. Doch der geniale, aber erfolglose Koch Jacky, der alle Rezepte von Lagarde auswendig runterbeten kann, kommt ihm zu Hilfe. Um den Angriff der Molekularküche abzuwehren, müssen Jacky und Alexandre heftige komödiantische Register ziehen, damit in dieser köstlichen Komödie die Haute Cuisine siegt. In der Wirklichkeit ist die französische Küche allerdings schon so gut wie unangreifbar, denn die UNESCO hat sie 2010 zum Weltkulturerbe ernannt. Jean Reno, der den Sternekoch spielt, ist tatsächlich ein Freund der guten Küche. Er verabscheut Fertiggerichte, kocht gerne für seine Familie und benutzt Olivenöl aus eigenem Anbau. Das verwendet er auch für eines seiner Lieblingsgerichte: Kartoffelsalat mit Knoblauch. Ein großer Koch zeichnet sich für Jean Reno dadurch aus, dass er aus einem einfachen Gericht etwas Besonderes machen kann. Berlins beliebte Köchin Sonja Frühsammer schlägt vor, Kabeljau mit Zitrone, Kartoffel-Espuma und Liebstöckelbohnen zu kochen. Über dem Kabeljau liegt eine transparente, wohlschmeckende Scheibe Zitronengelee. Sie ist eine Referenz an die Glasscheibe durch die Jacky in eine Küche schaut, in der er gerne arbeiten würde. Sonja Frühsammers Gericht verbindet traditionelle Elemente mit moderner Küche und ist eine Hommage an Jackys und Lagardes Mission. Der Kabeljau wird Ihnen sternemäßig gelingen, auch ohne weiße Jacke und Kochmütze.

Kabeljau
mit Zitrone,
KARTOFFEL-ESPUMA
und Liebstöckelbohnen

WEINEMPFEHLUNG

Lagarde würde wahrscheinlich einen Montrachet auffahren.

Das Rezept stammt jedoch von einer Berliner Köchin. Deshalb könnte ein Chardonnay vom Demeter-Weingut **WITTMANN** aus Rheinhessen oder vielleicht eine Cuvée aus Chardonnay und Weißburgunder vom Weingut **KARL HEINZ JOHNER** am Kaiserstuhl passen.

Am besten Sie trinken beide Weine.

ZUTATEN
{4 PERSONEN}

ZITRONENGELEE — Saft von 2 Zitronen — 1 Stängel Zitronengras — 3 Limettenblätter — 150 ml Kalbsfond — 5 Pfefferkörner — Agar (pflanzliches Geliermittel) — Salz — Zucker
KARTOFFEL-ESPUMA — 250 g mehlige Kartoffeln — 50 g Butter, zerlassen und gebräunt — 100 ml Sahne — frisch gemahlene Muskatnuss — Salz — frisch gemahlener Pfeffer
KABELJAU — 700 g Kabeljaufilets — Butter für das Blech und zerlassene Butter zum Bestreichen — Salz/Limonensalz — frisch gemahlener Pfeffer
GRÜNE BOHNEN — 500 g grüne Bohnen — einige Zweige Liebstöckel und mehr zum Garnieren — 1 EL Butter — Fleur de Sel

{2 H + GAREN}

ZITRONENGELEE — Zitronensaft mit Zitronengras, Limettenblättern, Kalbsfond und Pfefferkörnern in einer Schüssel mischen und etwa 20 Minuten ziehen lassen. Dann durch ein Sieb passieren und die Flüssigkeitsmenge abmessen. Pro 100 ml Flüssigkeit 1,2 g Agar dazugeben und mit einem Schneebesen einrühren. Mischung in einem Topf einmal aufkochen lassen. Nach Belieben mit Salz und Zucker abschmecken. Fond anschließend auf ein niedriges Blech gießen und erkalten lassen. Das Gelee in Stücke von der Größe der Fischfilets schneiden, dann warm stellen.

KARTOFFEL-ESPUMA — Kartoffeln schälen, weich kochen und durch eine Kartoffelpresse drücken. Unter den Kartoffelbrei Butter und Sahne rühren und mit Muskat, Salz und Pfeffer abschmecken. Die Masse durch ein feines Sieb streichen und in einen Espuma-Siphon füllen. Mit 2 CO_2 Kapseln füllen und in einem warmen Wasserbad warm halten.

KABELJAU — Backofen auf etwa 53–60 °C vorheizen. Kabeljaufilets von der Haut befreien und portionieren. Ein Blech mit Butter einfetten, mit Salz bestreuen und darauf die Fischfilets legen. Mit zerlassener Butter bestreichen. Filets im Ofen etwa 8–10 Minuten garen. Dickere Stücke benötigen einige Minuten länger, dünnere Stücke kürzer. Kabeljaufilets aus dem Ofen nehmen und mit Limonensalz und Pfeffer würzen.

GRÜNE BOHNEN — Von den grünen Bohnen die Enden abschneiden und die Fäden bei Bedarf abziehen. Bohnen in einem Topf mit Dämpfeinsatz bissfest garen, dann in Eiswasser abschrecken, so behalten sie ihre grüne Farbe. Liebstöckel fein hacken. Butter in einer Pfanne erhitzen und die Bohnen mit dem Liebstöckel darin schwenken. Mit Fleur de Sel würzen.

ANRICHTEN — Eine Portion Bohnen seitlich auf einem flachen Teller anrichten und mit einigen Blättchen Liebstöckel garnieren. Kabeljaufilets mit einer Scheibe Zitronengelee belegen und an die Seite halb auf die Bohnen legen. Daneben etwas Kartoffel-Espuma geben und servieren.

WEINEMPFEHLUNG

Sherry Amontillado als Trost für die spanischen Köche im Film.

KARAMELLMOUSSE MIT
Blätterteig
und geschmorten Äpfeln

ZUTATEN
{4 PERSONEN}

KARAMELLSAUCE — 100 g Zucker — 100 ml Sahne
KARAMELLMOUSSE — 200 ml Sahne — 20 g Eigelb und 20 g ganzes Ei, zimmerwarm — 120 g Vollmilchkuvertüre — 5 ml Kirschwasser
BLÄTTERTEIG — 250 g Blätterteig, tiefgekühlt oder selbst gemacht — 50 g Butter, zerlassen — 1 Eigelb, verquirlt — Puderzucker zum Bestäuben
GESCHMORTE ÄPFEL — 2 säuerliche Äpfel — Zitronensaft — 1 EL Butter — Zucker und Zimt

{2 H + BACKEN}

„Du fliegst aus vier Restaurants in einem Monat?"

{BEATRICE}

„Die kapieren einfach nicht, was ich mache."

{JACKY BONNOT}

KARAMELLSAUCE — Zucker in einer Pfanne bei niedriger Hitze hellbraun karamellisieren und mit der Sahne ablöschen. Unter Rühren Karamell vom Pfannenboden lösen, dann auf drei Viertel eindicken lassen. Diese Mischung sollte etwa 75 ml Karamellsauce ergeben.

KARAMELLMOUSSE — Sahne steif schlagen und kalt stellen. Eigelb und Ei aufschlagen. Kuvertüre über einem warmen Wasserbad schmelzen. Kirschwasser und Karamellsauce unterrühren. Mischung vorsichtig unter die Eimasse rühren, dann geschlagene Sahne unterheben. Diese Mousse anschließend kalt stellen.

BLÄTTERTEIG — Backofen auf 210 °C vorheizen. Blätterteig auf einer kühlen Platte 2,5 mm dünn ausrollen und 7 cm große Kreise ausstechen. Ein Backblech mit wenig Butter einpinseln und mit einigen Tropfen Wasser beträufeln. Blätterteigkreise auf das Backblech legen und mit Eigelb einpinseln. Backblech in den heißen Ofen schieben und die Kreise auf mittlerer Schiene in 10–15 Minuten knusprig braun backen. Teigkreise danach dick mit Puderzucker bestäuben und unter dem Backofengrill goldgelb karamellisieren.

GESCHMORTE ÄPFEL — Äpfel schälen und Kerngehäuse ausstechen. Anschließend Äpfel quer in Scheiben schneiden und mit Zitronensaft beträufeln, damit sie nicht braun werden. Butter in einer Pfanne erhitzen, bis sie schäumt. Apfelscheiben mit Zucker und Zimt bestreuen und hellbraun karamellisieren.

ANRICHTEN — In die Mitte eines flachen Tellers je 2 Apfelscheiben legen. Von der Karamellmousse pro Portion 2 Nocken abstechen und auf die Apfelscheiben setzen. Daneben 2 Blätterteigkreise legen.

SAVOIR-VIVRE 37

„Ach hört mal, ich glaube, wir schenken uns ausnahmsweise den Aperitif und fangen gleich mit dem Essen an."

{ Der Colonel } IST EINER DER ZAHLREICHEN STÖRFAKTOREN

{ Alice Sénéchal }   { Florence }   { Madame Thévenot }

Die illustre Runde plant ein stilvolles Essen im kleinen Kreis.

{ Monsieur Thévenot }   { Don Rafael } ist ein korrupter Botschafter aus „Miranda".   { Monsieur Sénéchal }

„Ein Martini hat's in sich, besonders, wenn er trocken ist."

DON RAFAEL: FERNANDO REY
MADAME THÉVENOT: DELPHINE SEYRIG
ALICE SÉNÉCHAL: STÉPHANE AUDRAN
MONSIEUR SÉNÉCHAL: JEAN-PIERRE CASSEL
MONSIEUR THÉVENOT: PAUL FRANKEUR
FLORENCE: BULLE OGIER

Der diskrete CHARME der BOURGEOISIE

Le charme discret de la bourgeoisie

KOMÖDIE — FRANKREICH/SPANIEN — 1972 — 102 MIN.

REGIE: **LUIS BUÑUEL**
PRODUKTION: **SERGE SILBERMAN**

KOCH: **BOBBY BRÄUER**

VORSPEISE

Kaninchenrücken St. Stephano

HAUPTGANG

Lotte mit Schwips

Stellen Sie sich vor: Sie sind zum Essen eingeladen, klingeln an der Tür, aber der Gastgeber behauptet, Sie hätten sich im Datum geirrt. Sie verabreden sich wieder, aber diesmal macht der Gastgeber die Tür nicht auf. Im Weggehen sehen Sie, wie er im Garten Sex hat. Also verabreden Sie sich das nächste Mal in einem Restaurant. Als Sie eintreffen, schluchzen die Angestellten: Der Koch ist gerade gestorben. Der Albtraum wird schlimmer: Drogen im Diplomatengepäck, Vergewaltigung, Attentate, der Segen der Kirche – und immer noch kommen die Protagonisten nicht zum Essen. Doch was ist Wirklichkeit, was Wahnsinn? Der Meisterregisseur Luis Buñuel führt sein lakonisch spielendes Ensemble sicher durch alle Bewusstseinsebenen und toppt jede Pointe mit der nächsten. Sogar Hollywood konnte lachen und verlieh dem Film einen Oscar. Die bürgerliche Tischgesellschaft mit ihren Regeln, Ritualen und Zwängen kennt jeder. Sie in Beziehung zu großen gesellschaftlichen Kräften wie Kirche, Militär und Politik zu setzen, ist einleuchtend. Trotzdem hat der Film keine simple antibürgerliche Botschaft. Er ist das Filmkunstwerk eines Genies mit Witz, das sich stets geweigert hat, sein Werk selber zu deuten. Das eröffnet einen Raum für Gespräche. Zum Film sagte der Regisseur nur: „Ich war froh, dass ich in diesem Film das Rezept meines Martini Dry unterbringen konnte." Dieses Rezept, dessen Zubereitung laut Buñuel einer „unbefleckten Empfängnis" ähneln soll, finden Sie in seiner Autobiografie *Mein letzter Seufzer*. Unser Chefkoch Bobby Bräuer folgte der Buñuelschen Rezeptur genau und rührte mehrere Martinis an. Schließlich meldete sich der Heilige Geist im Cocktailglas und inspirierte den Chefkoch zu einer Sauce, die hervorragend zum Teufel der See, auch Lotte genannt, passt. Daher steht Lotte auf dem Menü. In ihr versteckt Bobby Bräuer als Referenz an die spanische Herkunft des Meisterregisseurs Paellareis. Das Resultat nennt er Lotte mit Schwips.

SAVOIR-VIVRE

WEINEMPFEHLUNG

Verzichten Sie
nicht auf einen Martini als
Aperitif …

KANINCHENRÜCKEN St. Stephano

ZUTATEN
{4 PERSONEN}

KANINCHENRÜCKEN — 4 Kaninchenrücken, von Fett und Sehnen befreit
Salz — Pfeffer — 1 TL Mehl — Olivenöl
VINAIGRETTE — 20 ml Olivenöl — 10 ml Gemüsebrühe — 20 ml dunkler Aceto Balsamico
Salz — frisch gemahlener Pfeffer — Zucker — 20 g Pinienkerne, geröstet — 10 g Kapern
10 g Sultaninen — 1 kleiner Zweig Rosmarin
GARNITUR — 1 kleiner Kopf feiner Friséesalat, geputzt und gezupft

{50 MINUTEN + KÜHLEN & MARINIEREN}

KANINCHENRÜCKEN — Kaninchenrücken salzen, pfeffern und mit Mehl bestäuben. In einer Pfanne in Olivenöl bei mittlerer Hitze garen, herausnehmen und auskühlen lassen.
VINAIGRETTE — Olivenöl, Brühe, Aceto Balsamico, etwas Salz, Pfeffer und Zucker zu einer Vinaigrette rühren. Die Pinienkerne, Kapern, Sultaninen und den Rosmarinzweig dazugeben. Kaninchenrücken für 1 Stunde in der Vinaigrette marinieren.
ANRICHTEN — Friséeblätter als Bett auf die Teller legen. Kaninchenrücken in längliche Scheiben schneiden und darauflegen. Mit der Vinaigrette beträufeln und sofort servieren.

LOTTE mit Schwips

WEINEMPFEHLUNG

… und fahren Sie fort mit einem Grauburgunder vom Weingut DÖNNHOFF an der Nahe.

„Das nächste Mal essen wir alle bei uns. Ihr werdet meinen Kaviar mit Löffeln fressen."

{MONSIEUR THÉVENOT}

ZUTATEN
{4 PERSONEN}

LOTTE — 400 g Seeteufelstrang (alternativ Heilbutt) — Olivenöl — 1 Schalotte, fein gewürfelt — ½ Knoblauchzehe, fein gewürfelt — je ¼ rote und gelbe Paprika, fein gewürfelt — 1 Tomate überbrüht, gehäutet, ohne Kerne und fein gewürfelt — 80 g Paellareis — 5 Safranfäden — Salz — 50 ml Weißwein — 160 ml Geflügel- oder Gemüsebrühe — frisch gemahlener schwarzer Pfeffer — 100 g Schweinenetz, gewässert
SAUCE — 30 g Butter — 1 Schalotte, in Ringe geschnitten — 2 Champignons, geschält und in Scheiben geschnitten — 20 ml Dry Martini — 100 ml Fischfond — 50 ml Sahne — 20 g Crème fraîche — Salz — Zitronensaft — Cayennepfeffer
ALGEN — 80 g Algensprossen, geputzt (alternativ junger Lauch) — 1 TL Butter — 1 Schuss Mineralwasser

{2 H + BACKEN}

LOTTE — Backofen auf 180 °C vorheizen. Den Seeteufelstrang parieren, d. h. nicht essbare Teile und Gräten entfernen. Für die Paella etwas Olivenöl in einem Topf erhitzen und die Schalotte sowie Knoblauch darin anschwitzen. Paprika und Tomate dazugeben. Paellareis und Safranfäden einrühren, leicht mit Salz würzen und mit Weißwein ablöschen. Wein einkochen lassen, Brühe angießen und aufkochen. Topf zugedeckt in den Ofen stellen und den Reis 20 Minuten garen, bis er die gesamte Flüssigkeit aufgesogen hat. Aus dem Ofen nehmen und mit einer Gabel durchrühren, nochmals mit Salz und Pfeffer abschmecken, auf einen Teller geben und auskühlen lassen. Seeteufelstrang der Länge nach tief einschneiden und aufklappen. Den Fisch leicht plattieren. Salzen, mit der Paella bestreichen und wieder zusammenklappen. Schweinenetz gut ausdrücken, ausbreiten und den Fisch darin fest einrollen. In einer beschichteten Pfanne mit etwas Olivenöl bei mittlerer Hitze von allen Seiten anbraten und im Ofen bei 160 °C etwa 10 Minuten fertig garen. Herausnehmen, kurz ruhen lassen, dann in 4 gleichmäßige Stücke schneiden.
SAUCE — Butter in einer Stielpfanne zerlassen. Schalotte und Champignons darin anschwitzen. Mit Dry Martini ablöschen und den Alkohol verdampfen lassen. Fischfond angießen und diesen wiederum sirupartig einkochen. Sahne und Crème fraîche einrühren, aufkochen lassen und den Topf vom Herd nehmen. Mit Salz, etwas Zitronensaft und Cayennepfeffer abschmecken. Sauce durch ein feines Sieb passieren und mit einem Pürierstab aufmixen.
ALGEN — Algensprossen in Butter anschwitzen und mit etwas Mineralwasser ablöschen.
ANRICHTEN — Die Algensprossen auf den Tellern verteilen. Jeweils 1 Stück der Seeteufelroulade darauflegen und mit etwas aufgeschäumter Sauce beträufeln.

SAVOIR-VIVRE **43**

„Der Meisterkoch hier muss früher mal Schlagzeuger gewesen sein."

{ Duchemin }
RESTAURANTKRITIKER

möchte die Betriebsführung seines Gastroverlages gerne seinem Sohn übergeben.

dieser bleibt lieber Zirkusclown

„Unsere Inspiration wie immer: Musik. Sie müssen was Leichtes, Subtiles raussuchen. Aber dalli, dalli, sonst qualmt's."

SAGT DEM FAST FOOD DEN KAMPF AN

„Was ist denn da noch echt?"

CHARLES DUCHEMIN:
LOUIS
DE FUNÈS
GÉRARD DUCHEMIN:
COLUCHE

BRUST oder KEULE

L'aile ou la cuisse

KOMÖDIE — FRANKREICH — 1976 — 104 MIN.

REGIE: **CLAUDE ZIDI**
PRODUKTION: **CHRISTIAN FECHNER**

KOCH: **MARCO MÜLLER**

HAUPTGANG

Konfierte Ente
mit Steinpilzen

DESSERT

Halbflüssiges
Schokoladensoufflé

Die Geschmacksnerven der französischen Starkomiker Louis de Funès und Coluche, liegen blank. Funès spielt den Restaurantkritiker Duchemin, der jährlich einen Restaurantführer herausbringt. Sein Sohn, gespielt von Coluche, soll den Betrieb übernehmen. Doch der will lieber als Zirkusclown Karriere machen. Duchemins wahrer Gegner aber ist der Fast-Food-Produzent Tricatel, der davon träumt, dass er die Weltbevölkerung auf „einfache, natürliche und gesunde Weise" ernähren wird. Das einzige, was er vermisst, ist gesellschaftliche Anerkennung. Die will er sich in einem Fernsehduell mit Duchemin holen und diesen als Scharlatan entlarven. Das geht natürlich nur mit schmutzigen Tricks. Tricatel hat Erfolg: Der Restaurantkritiker verliert seinen Geschmackssinn. Doch der clowneske Sohn eilt dem Vater zu Hilfe. Bei einem Einbruch in die Fast-Food-Fabrik fördern sie die Wahrheit über die Produkte zutage: An Fließbändern entstehen aus einer breiigen Masse „Hähnchen", und aus Erdöl wird „Fleisch" gezüchtet. Das sind prophetische Visionen aus dem Jahr 1976, nicht weit entfernt von der Fast-Food-Welt von heute. Ob in Restaurants oder zu Hause, der Anteil des Convenience-Food und der Fertiggerichte steigt ständig. In Europa haben wir glücklicherweise eine Kennzeichnungspflicht. Es lohnt sich, das Kleingedruckte zu lesen. Aber auch die überzogene Welt der Sterne-Gastronomie bekommt ihr Fett weg. Die Bewertungen sind Clownerien. Am Ende siegen zwei französische Institutionen: die zirzensische Kunst und die gute Küche. Dieser Film hat kein Verfallsdatum! Vive la France! Als Menü zum Film schlägt Marco Müller als Demonstration des guten Geschmacks – quelle surprise – Brust und Keule von einer Ente vor. Die Ente ist nicht nur einer der komischsten, sondern auch der wohlschmeckendsten Vögel. Tricksen Sie die Tricatels dieser Welt aus. Mit Marco Müllers raffinierten Kräuteraromen wird Ihnen eine legendäre Ente gelingen. Die Wahl zwischen knuspriger Keule oder saftiger Brust könnte schwer fallen. Aber Ente gut, alles gut. Als Krönung servieren Sie ein duftendes Soufflé mit halbflüssigem Schokoladenkern und dazu ein Gläschen Süßwein aus dem Roussillon.

Konfierte Ente mit Steinpilzen

WEINEMPFEHLUNG

Die Ente wird sich bei der Copa Santa der Domaine PIERRE CLAVEL aus dem Languedoc sehr wohlfühlen.

„Was ist das? Presskohlen?! In diesem Sinne, Happa Happa!"

{DUCHEMIN}

ZUTATEN
{4 PERSONEN}

ENTE — 1 frische Étouffée-Ente oder Barbarie-Flugente — Meersalz — brauner Zucker
Quatre-épices (franz. Gewürzmischung aus Pfeffer, Nelken, Muskat und Ingwer)
3 Zweige Rosmarin, 1 davon gehackt — Schale von 1 Bio-Orange, fein geschnitten — Entenschmalz und -fett
einige Wacholderbeeren, Nelken und Koriandersamen — 1 ¼ Knoblauchzehen, angedrückt
1 Zimtstange — 1 Kardamomkapsel — ½ TL Butter — frisch gemahlener Pfeffer
STEINPILZE UND SAUCE — 16 Steinpilze — 1 EL Butter — 2 Schalotten, geschält und gewürfelt
1 Knoblauchzehe — 50 ml weißer Portwein — 150 ml Madeira — 1 l Geflügelfond,
auf 100 ml eingekocht — 1 Lorbeerblatt — etwas frischer Thymian, Rosmarin und Majoran — 1 Msp. Kurkuma
(für die Farbe) — Meersalz — frisch gemahlener Pfeffer — 2 EL Olivenöl — 1 EL Schnittlauchröllchen
GARNITUR — 4 Steinpilze — Zitronensaft — Olivenöl — Meersalz — 16 Blätter Schafgarbe
16 Stängel Erbsenkresse — Holunderkonfitüre oder -gelee

{1 H 30 MIN + BEIZEN, CONFIEREN, BRATEN & REDUZIEREN}

KEULEN — Ente von Federkanälen befreien und waschen. Keulen auslösen, den Rest kühl stellen. Keulen mit Meersalz, Zucker, Quatre-épices, Rosmarin und Orangenschale einreiben und in einem Gefäß 2 Tage in den Kühlschrank stellen. Aus der Beize nehmen und abwaschen. In einem Topf Entenschmalz erhitzen und die Keulen nebeneinander hineinlegen. Entenfett zugeben, bis sie über 1 Zentimeter bedeckt sind. Wacholderbeeren, Nelken, Koriander, 1 Rosmarinzweig, 1 Knoblauchzehe, Zimt und Kardamom zugeben. Auf dem Herd erwärmen und bei 80 °C 4–5 Stunden confieren (garen). Dann herausnehmen. Gitter auf ein Blech setzen, die Keulen darauflegen und 50 Minuten bei 190 °C bräunen. Keulen mehrmals mit dem Confierfett einpinseln. Nach 45 Minuten auf kleinster Grillstufe im Ofen kross braten.

BRÜSTE — Filets mit dem Brustbein auslösen und in einer großen Pfanne in Entenfett auf der Hautseite leicht anbraten. Ofen auf 180 °C Umluft vorheizen und die Brüste auf einem Gitter 14–18 Minuten garen (Kerntemperatur 42 °C). Ofen ausschalten. Ofentür 20 cm öffnen. Brüste auf der untersten Schiene 5–10 Minuten ruhen lassen. Bei mittlerer Hitze in wenig Entenfett goldbraun braten. Übrigen Rosmarinzweig, Knoblauch und Butter dazugeben. Salzen und wenig pfeffern.

STEINPILZE UND SAUCE — Steinpilze putzen und halbieren. Butter in einem Topf anbräunen, Pilze darin anbraten, herausnehmen. Schalotten und Knoblauch im Topf anschwitzen, mit Portwein, Madeira und Geflügelfond ablöschen. Bei niedriger Hitze reduzieren, Kräuter zugeben, vom Herd nehmen. Kurkuma einrühren, 15 Minuten ziehen lassen und durch ein Sieb gießen. Abschmecken und Olivenöl untermixen. Schnittlauch und angebratene Steinpilze dazugeben.

ANRICHTEN — Pro Teller einen Steinpilz in dünne Scheiben hobeln. Diese kurz mit Zitronensaft, Olivenöl und Meersalz marinieren. Brust vom Brustbein lösen und vierteln. In der Mitte der Teller anrichten, einige geschmorte Pilze mit der Sauce daneben verteilen. Gehobelte Steinpilze, je 4 Blätter Schafgarbe und Erbsenkresse darübergeben. Keulen mit geputzten Knochen auf einem kleinen Teller mit wenig Sauce servieren. Mit Holunderkonfitüretropfen oder Holundergeleewürfeln garnieren.

SAVOIR-VIVRE 47

WEINEMPFEHLUNG

Perfekt zur Schokolade:
Banyuls Vin Doux
Naturel.

HALBFLÜSSIGES
Schokoladen
soufflé

ZUTATEN
{6 PERSONEN}

6 Eier — 200 g Zucker — 180 g Butter — 200 g Zartbitterkuvertüre (67 % Kakaogehalt, z. B. Original Beans Schokolade) — 30 g Kakaopulver — 30 g Mehl — 2 Madagaskar-Vanilleschoten
1 Msp. Ingwer, gerieben — 1 Msp. Tonkabohne, gerieben — 20 ml Crème de Cacao
weiche Butter und Zucker für die Formen — Puderzucker zum Bestäuben

{50 MIN + BACKEN}

SOUFFLÉ — Backofen auf 180 °C vorheizen. Eier mit dem Zucker schaumig schlagen. Butter und Kuvertüre über einem Wasserbad schmelzen. Dann das Kakaopulver mit dem Mehl untermengen. Vanilleschoten längs halbieren und das Mark herausschaben. Vanillemark, Ingwer, Tonkabohne und Crème de Cacao dazugeben und unter die Eimasse heben. 6 ofenfeste Formen (200 ml) mit Butter bestreichen, auch den Rand. Mit Zucker ausstreuen und die Schokomasse zu zwei Dritteln einfüllen. Einen Topf mit Küchenpapier auslegen. 1,5 cm hoch Wasser einfüllen und erwärmen. Die Formen in den Topf geben, diesen in den Ofen stellen und das Soufflé solange backen, bis der Rand leicht gestockt und die Mitte noch flüssig und warm ist.
ANRICHTEN — Förmchen aus dem Topf nehmen. Vorsicht, der Rand der Formen ist nach dem Backen noch sehr heiß. Mit etwas Puderzucker bestäuben und servieren.

—

"Oh very good.
Marvellous.
That pulls me
the shoes out."

—

{DUCHEMIN}

{ Pamela Stewart }
LEITERIN DER KOCHSCHULE

PAMELA HÄLT NICHTS VON JULIAS KOCHKÜNSTEN

„Madame Child, Sie haben nicht das geringste Talent zum Kochen, aber die Amerikaner werden es sicher nicht bemerken."

{ Julia }
schreibt ein 700-Seiten-starkes Kochbuch, dessen Rezepte 50 Jahre später von Julie wiederentdeckt werden.

JULIA CHILD:
MERYL STREEP
JULIE POWELL: **AMY ADAMS**
PAUL CHILD:
STANLEY TUCCI

Julia ist allein unter Männern in der Kochschule *Le Cordon Bleu*.

JULIA
„Leidenschaft, Ehrgeiz, Butter. Haben Sie das, was man braucht?"

↓

„Man kann nie genug Butter haben."

50 JULIE & JULIA

Julie & JULIA

MELODRAM — USA — 2009 — 123 MIN.

REGIE UND PRODUKTION: **NORA EPHRON**

KÖCHIN: **CORNELIA POLETTO**

VORSPEISE

Kleine Apfelpizzette mit gebratener Gänseleber

HAUPTGANG

Bœuf Bourguignon

Kochen und Schmecken können uns auf eine Zeitreise mitnehmen. Denn das olfaktorische Gedächtnis funktioniert wie ein von Geburt an ordentlich geführtes Fotoalbum, es vergisst nichts. Aber nur ein winziger Teil des weltweiten kulinarischen Gedächtnisses wird in Kochbüchern festgehalten. Eines davon hat Julia Child geschrieben, die 1949 Amerika verlässt, um mit ihrem Mann, einem Diplomaten, in Paris zu leben. Dort findet die selbstbewusste und heitere Julia nach einigen Umwegen ihre Berufung zur Köchin. Sie lässt sich an der Kochschule *Le Cordon Bleu* ausbilden, allein unter Männern. Die französische Küche ist für Julia Child eine Offenbarung. Ihre Begeisterung möchte sie mit ihren Landsleuten teilen, deshalb beginnt sie mit zwei Freundinnen ein Kochbuchprojekt, das immer umfangreicher wird. Es trägt den Titel *Mastering the Art of French Cooking*. Nach acht Jahren Arbeit ist es 700 Seiten stark und schreckt jeden Verleger ab. Es erscheint erst 1961. 50 Jahre später: Julie ist 30, lebt in New York, hat einen netten Mann, einen öden Job, einen halbfertigen Roman in der Schublade und keinen Plan. Um in ihrem Leben einmal etwas zu Ende zu bringen, beschließt sie, das 524-Rezepte-starke Kochbuch von Julia Child in einem Jahr nachzukochen. Erfolgserlebnisse und Niederlagen dokumentiert sie in einem Blog mit wachsender Fangemeinde. Der Film verwebt die Lebens- und Kochgeschichten von Julie und Julia, die auf wahren Begebenheiten beruhen. Obwohl zwei Generationen die beiden Köchinnen trennen, haben sie viel gemeinsam. „Beide wussten wir nicht wohin. Und beide wurden wir durch das Essen gerettet", sagt Julie am Ende des Films. Julia Child wurde in Amerika durch ihr Rezept für Bœuf Bourguignon berühmt. Es hatte eine erstaunliche Länge von 5 Seiten; allein eine Seite erklärt das Anbraten von Champignons. Im Film spielt es eine tragende und tragische Rolle. Julie erwartet einen wichtigen Gast und das Bœuf verbrennt. Deshalb sollte der umsichtige Gastgeber das Bœuf Bourguignon nach dem – viel kürzeren – Rezept von Cornelia Poletto vorgekocht haben. Aufgewärmt schmeckt es am besten.

WEINEMPFEHLUNG

Überraschen Sie Ihre Gäste und reichen Sie zur Apfelpizzette als Starter einen Domprobst Riesling Spätlese, z. B. von WILLY SCHÄFER an der Mosel.

„Ich liebe dich so sehr, du darfst den ersten Bissen nehmen."

{ PAUL CHILD }

KLEINE APFELPIZZETTEN
mit gebratener
Gänseleber

ZUTATEN
{ 6 STÜCK }

SELLERIEPÜREE — 100 g Knollensellerie, geschält und gewürfelt — 50 ml Sahne — 50 ml Milch 1 Spritzer Zitronensaft — 1 EL Nussbutter (erhitzte, gebräunte Butter) — Salz
APFELPIZZETTEN — 200 g Blätterteig — Mehl für die Arbeitsfläche — 60 g Zucker — 1 Vanilleschote 1 Stück Zimtrinde — 100 ml Apfelsaft — 50 ml Calvados — 1 TL Butter Speisestärke zum Binden — 2 Äpfel (z. B. Elstar)
GÄNSELEBER — 150 g Gänseleber, geputzt — 1 Msp. Quatre-épices (franz. Gewürzmischung aus Pfeffer, Nelken, Muskat und Ingwer) — 100 ml Kalbsjus (konzentrierter Kalbsfond)
GARNITUR — Fleur de Sel — 6 Zweige Kerbel

{ 1 H 15 MIN + BACKEN }

SELLERIEPÜREE — Selleriewürfel mit Sahne, Milch und Zitronensaft in einem Topf aufkochen und bei mittlerer Hitze weich garen. Etwas Sahne-Milchfond abgießen und die Würfel mit dem restlichen Fond pürieren. Mit Butter und Salz abschmecken.
APFELPIZZETTEN — Backofen auf 180 °C vorheizen. Blätterteig auf einer bemehlten Arbeitsfläche leicht ausrollen und 6 Kreise mit etwa 6 cm Durchmesser ausstechen. Die Kreise mit einer Gabel mehrmals einstechen und auf einem mit Backpapier ausgelegten Blech im Ofen 8–10 Minuten vorbacken. Für die Apfelreduktion Zucker in einem Topf bei niedriger Hitze karamellisieren. Vanilleschote sowie Zimtrinde dazugeben und mit Apfelsaft sowie Calvados ablöschen. Butter dazugeben und alles auf die Hälfte einkochen lassen. Etwa 1 Teelöffel Speisestärke mit etwas kaltem Wasser anrühren und unter die kochende Flüssigkeit mischen. Nochmals 2–3 Minuten kochen lassen. Äpfel schälen, vierteln und das Kerngehäuse entfernen, in dünne Spalten schneiden. Blätterteigkreise mit dem Selleriepüree bestreichen. Apfelspalten darauflegen und mit der Apfelreduktion bepinseln. Im Ofen bei 180 °C etwa 10–15 Minuten backen, dabei immer wieder mit der Apfelreduktion einstreichen.
GÄNSELEBER — Gänseleber in etwa 1 cm dicke Scheiben schneiden und mit Quatre-épices würzen. In einer Pfanne von beiden Seiten 2 Minuten anbraten, immer wieder mit Kalbsjus beträufeln und so glasieren.
ANRICHTEN — Apfelpizzetten auf Teller legen. Gänseleber mit Fleur de Sel würzen und auf den Apfelpizzetten verteilen. Mit Kerbel garnieren und sofort servieren.

SAVOIR-VIVRE 53

BŒUF Bourguignon

ZUTATEN
{4 PERSONEN}

ROTWEINREDUKTION — 1 Flasche Rotwein — 1 Tasse Zwiebel, gewürfelt — 1 Tasse Karotten, klein geschnitten — 1 Tasse Lauch, klein geschnitten (nur der weiße Teil) — 1 Tasse Schalotten, gewürfelt — 3 Zweige Thymian — 6 Zweige glatte Petersilie — 2 Lorbeerblätter — ½ TL schwarze Pfefferkörner — 3 große Knoblauchzehen, zerdrückt
FLEISCH — 1,25 kg Schulterscherzel (Schmorfleisch aus der Schulter) — Salz — frisch gemahlener schwarzer Pfeffer — Olivenöl — 1 Tasse weiße Zwiebeln, in Streifen geschnitten — 2–3 Tassen Karotten, klein geschnitten — 1 ½ Tassen Lauch, klein geschnitten (nur der weiße Teil) — 3 Knoblauchzehen, zerdrückt — 1 Lorbeerblatt — 2 Zweige Thymian einige Stängel glatte Petersilie — etwa 1 l Geflügelbrühe
KARTOFFELPÜREE — 1 kg Kartoffeln (möglichst La Ratte), mit Schale und gebürstet — grobes Salz — 250 ml Vollmilch — 250 g sehr kalte Butter, gewürfelt — Salz — frisch gemahlener schwarzer Pfeffer
GEMÜSE — Butter — 12 Baby-Karotten — 1 Zweig Thymian — 1 Lorbeerblatt — 1 Knoblauchzehe, geschält — Salz — frisch gemahlener schwarzer Pfeffer — 125 g Speck, in Streifen geschnitten — 24 kleine Steinchampignons — 12 rote und/oder weiße Perlzwiebeln, gekocht — Dijonsenf — glatte Petersilie, fein gehackt

{1 H 15 MIN + BACKEN}

WEINEMPFEHLUNG

Burgunder ist angesagt! Dann nehmen wir einen der besten, z.B. Spätburgunder Großes Gewächs vom Weingut MEYER-NÄKEL an der Ahr.

„Meine Mutter machte Bœuf Bourguignon. Aber es war nicht einfach Bœuf, es war Julias Bœuf. Eine Riesensache."

{JULIE POWELL}

ROTWEINREDUKTION — Alle Zutaten mischen und in einem großen, ofenfesten Topf 40–50 Minuten kochen. Anschließend durch ein Sieb abgießen und die Weinreduktion wieder in den Topf geben.

FLEISCH — Fleisch in 2,5–3 cm große Stücke schneiden, salzen und pfeffern. Portionsweise in einer Pfanne in etwas Olivenöl scharf anbraten. Den Backofen auf 175 °C vorheizen. Zwiebel, Karotten, Lauch, Knoblauch, Lorbeerblatt, Thymian und Petersilie zur Weinreduktion geben. Ein Mulltuch über das Gemüse legen, sodass es ein Nest bildet. Fleisch in das Tuch legen und mit Brühe bedecken. Den Topf mit einem Deckel verschließen. Zum Kochen bringen und im Ofen 1,5–2 Stunden schmoren. Fleisch mit dem Tuch aus der Flüssigkeit heben. Diese durch ein feines Sieb streichen und bis zur gewünschten Konsistenz zu einer Sauce einkochen. Gegartes Fleisch wieder dazugeben. Nicht mehr kochen lassen.

KARTOFFELPÜREE — Kartoffeln mit 1 Teelöffel grobem Salz kochen. Kartoffeln schälen und anschließend durch eine Presse in einen Topf drücken. Im Topf etwa 5 Minuten ausdampfen lassen. Milch in einem kalt ausgespülten Topf zum Kochen bringen. Butter bei niedriger Hitze unter heftigem Rühren nach und nach unter die Kartoffeln mischen. Weiter kräftig rühren, dabei langsam die Milch dazugießen. Püree mit Salz und Pfeffer abschmecken und durch ein feines Sieb streichen.

GEMÜSE — Etwas Butter in einer Pfanne erhitzen, bis sie schäumt. Karotten mit Kräutern und Knoblauch darin bissfest garen. Mit Salz und Pfeffer abschmecken. Speck knusprig braten. Pilze in schäumender Butter anbraten, mit Salz und Pfeffer würzen. Fleisch und Sauce vorsichtig erwärmen. Karotten, Pilze und Perlzwiebeln dazugeben, sachte umrühren und weitere 5–10 Minuten erhitzen. Mit Dijonsenf, Petersilie, Salz und Pfeffer abschmecken.

ANRICHTEN — Fleisch mit der Sauce und etwas Gemüse auf Tellern anrichten. Kartoffelpüree dazugeben. Gebratenen Speck darüber verteilen und mit Petersilie bestreuen.

STEPHANIE: **SANDRA OH**
JACK: **THOMAS HADEN CHURCH**
MAYA: **VIRGINIA MADSEN**
MILES: **PAUL GIAMATTI**

{ Stephanie }   { Jack }   { Maya }   { Miles }
ENGLISCHLEHRER

IST VERLIEBT IN STEPHANIE

DA BAHNT SICH ETWAS AN

Jack möchte die geplante Hochzeit mit seiner Verlobten am liebsten absagen.

„Kaust du etwa Kaugummi?"
MILES

↓

„Möchtest du eins?"
JACK

Miles erklärt Jack so einiges über Weinverkostung.

Jack steht der Sache noch etwas skeptisch gegenüber.

56 SIDEWAYS

Side WAYS

KOMÖDIE — USA — 2004 — 126 MIN.

REGIE UND PRODUKTION: ALEXANDER PAYNE

KOCH: TIM RAUE

VORSPEISE

Weinbergschnecken mit Petersilienpüree und Brioche

HAUPTGANG

Ochsenbacke in Pinot Noir, Sansho-Pfeffer, Erbsencreme und Salat von Erbsensprossen, Ingwer, Apfel

---

Miles, der unterforderte Lehrer, und Jack, der alternde Schauspieler, kennen sich schon seit College-Zeiten. Sie wollen in den kalifornischen Weinbergen noch mal richtig einen draufmachen, denn Jack will eine Woche später heiraten. In Miles' Leben ist eine Menge schiefgelaufen. Seine Scheidung empfindet er immer noch als krasse Niederlage, obwohl sie zwei Jahre zurückliegt. Und ob sein Roman veröffentlicht wird, erfährt man erst am Ende dieses bittersüßen „Trinkfilmes". Miles freut sich auf Weinproben, gutes Essen und ein paar Runden Golf. Und er will Jack etwas über Weinverkostung beibringen. Zum Beispiel, dass man dafür besser das Kaugummi aus dem Mund nehmen sollte. Jack trinkt auch gern, aber noch lieber jagt er jedem Rock hinterher. Die beiden Freunde lernen die Weinverkäuferin Stephanie und die Kellnerin Maya kennen. Jack verknallt sich in die lebenslustige Stephanie und würde am liebsten seine Hochzeit absagen. Miles und Maya mögen sich sehr, sind aber zurückhaltender. Sie können fantastisch über Wein philosophieren, mögen beide Pinot Noir und sind wie diese Traube „sehr dünnhäutig, empfindlich, und man muss sich sehr um sie kümmern." Der Film nimmt einen mit auf Ausflüge durch eine sanft hügelige Wein-Landschaft im weichgezeichneten frühherbstlichen Licht. Die Bilder machen Lust, den Picknick-Korb zu packen, Freunde einzuladen, ein paar Flaschen Wein mitzunehmen und jenen Geschichten zu lauschen, die der Wein erzählt. Denn „Wein lebt, atmet und verändert sich stetig" – genau wie wir. Die Kalifornische Küche ist eine Mischung aus europäischen, mexikanischen und asiatischen Einflüssen. Da passt Tim Raues Küche, der zum Pinot Noir ein französisches Menü mit asiatischem Touch vorschlägt. Es fängt gut an mit dem Klassiker Weinbergschnecken, Petersilie und Brioche. Gefolgt von Ochsenbacke, in Pinot Noir geschmort. Das Gericht hält durch die asiatischen Zutaten eine aufregende Balance zwischen Süße, Säure und Schärfe. Enjoy. Bon appétit. Cheers.

WEINEMPFEHLUNG

Chardonnay liegt nahe, aber mit der Scheurebe Kabinett trocken vom Pfälzer Weingut MÜLLER-CATOIR können Sie Ihre Gäste überraschen.

—

„Wenn jemand Merlot bestellt, werde ich gehen."

—

{MILES}

WEINBERGSCHNECKEN
mit
Petersilienpüree
und Brioche

ZUTATEN
{6 PERSONEN}

SCHNECKEN — 48 Weinbergschnecken — Salz — frisch gemahlener weißer Pfeffer
80 ml Pflanzenöl — 200 ml Chardonnay
PETERSILIENPÜREE — 200 g Kartoffelpüree — 50 g glatte Petersilienblätter, fein geschnitten und blanchiert
2 EL Crème fraîche — Saft und Schale von 2 Zitronen, Schale in feine Streifen geschnitten
2 EL grüne Tabascosauce — Spinatpulver zum Färben
BRIOCHE — 80 g Butter — 1 TL Knoblauch, fein geschnitten — 6 Scheiben Brioche
frisch gemahlener weißer Pfeffer
GARNITUR — gelbe und weiße Blüten

{1 H 10 MIN + WÄSSERN}

SCHNECKEN — Weinbergschnecken in Eiswasser 2 Stunden wässern. Anschließend kräftig mit Salz und Pfeffer würzen. In einem Topf in Öl 3 Minuten anschwitzen, dann mit Chardonnay ablöschen. Zugedeckt bei niedriger Hitze für 20 Minuten garen. Sud durch ein Sieb gießen und einkochen lassen. Schnecken aus ihrem Haus ziehen, den schwarzen Darm entfernen. Die Schnecken im Sud erwärmen.
PETERSILIENPÜREE — Kartoffelpüree mit Petersilie, Crème fraîche, Zitronensaft- und schale sowie Tabasco mixen, bis ein feines Püree entsteht. Mit Spinatpulver färben.
BRIOCHE — Butter in einer Pfanne erhitzen, den Knoblauch dazugeben und darin die Brioche von beiden Seiten goldbraun braten. Rundherum mit weißem Pfeffer würzen.
ANRICHTEN — Petersilienpüree auf die Briochescheiben streichen und Schnecken darauf verteilen. Mit gelben und weißen Blüten garnieren.

Ochsenbacke
in Pinot Noir, Sansho-Pfeffer, ERBSENCREME UND Salat von Erbsensprossen, Ingwer, Apfel

WEINEMPFEHLUNG

Bordeaux, Cheval Blanc, 1961 – das ist der Wein, den Miles zum Schluss aus dem Pappbecher trinkt.

GÜNSTIGERE VARIANTE: Nehmen Sie leicht gekühlten Pinot Noir (auch Spätburgunder genannt) aus Kalifornien, Burgund, Baden oder Franken.

„Die Franzosen haben eine schöne Bezeichnung für meine Küche: Cuisine d'auteur – Autorenküche."

{ TIM RAUE }

ZUTATEN
{ 6 PERSONEN }

OCHSENBACKE — 6 Ochsenbacken — Fleur de Sel — 2 Flaschen Pinot Noir (Spätburgunder) — 1 TL Koriandersamen, im Mörser zerstoßen — 80 g Rohrzucker — Speisestärke zum Binden — Sansho-Pfeffer
ERBSENCREME — 750 g Erbsen — 250 g Butter — 100 g frischer Ingwer, geschält — 1 EL Wasabi-Püree — Salz — Ingwersaft
MARINADE — 2 TL grüne Tabascosauce — 1 TL Wasabi-Püree — 1 EL Estragonsenf — 4 EL Lime Juice (Limettensirup) — 3 EL Pflanzenöl
SALAT — 60 g Erbsensprossen — 60 g Sojasprossen — 60 g eingelegter Ingwer, in feine Streifen geschnitten — 150 g Apfel (Pink Lady), in feine Streifen geschnitten — 6 Zweige Kayäng-Kraut

{ 2 H + SCHMOREN }

OCHSENBACKE — Ochsenbacken mit Fleur de Sel einreiben und scharf anbraten. Die beiden Flaschen Pinot Noir auf 1 Liter einkochen. Fleisch, Weinreduktion, Koriander sowie Rohrzucker in einen Schmortopf geben und im Ofen bei 160 °C zugedeckt 3–4 Stunden garen, bis das Fleisch zart ist. Sud durch ein Sieb gießen, aufkochen und mit etwas angerührter Stärke abbinden. Ochsenbacken in der Sauce erwärmen. Dabei das Fleisch immer wieder mit Sauce übergießen und so glacieren. Dann warm halten.
ERBSENCREME — Erbsen mit Butter, Ingwer und Wasabi vakuumieren oder in einen ofenfesten Kochbeutel geben. Etwa 2 Stunden im Dampfgarer bei 95 °C garen (oder in einem Topf mit Dämpfeinsatz dämpfen). Anschließend in einem Mixer 20 Minuten mixen, sodass ein cremiges Püree entsteht. Mit Salz und Ingwersaft abschmecken. Bis zum Servieren warm halten.
MARINADE — Tabasco, Wasabi, Estragonsenf, Lime Juice und Öl mit einem Pürierstab aufmixen.
SALAT — Sprossen, Ingwer und Apfelstreifen in 6 Portionen teilen und mit der Marinade aromatisieren.
ANRICHTEN — Die Ochsenbacke in der Mitte der Teller anrichten. Mit viel Sansho-Pfeffer bestreuen. Vom Püree Nocken abstechen und neben das Fleisch setzen. Je 1 Salatportion neben der Ochsenbacke anrichten und mit jeweils 1 Zweig Kayäng garnieren. Sofort servieren.

„Das ist ein Männchen. Als ob man Milch in Wasser gießt."
ANNELIES

{ Annelies }
MUSCHELZÜCHTERIN
„Muscheln haben keinen Sex, sie berühren sich nicht. Sie müssen gleichzeitig laichen. Eine richtige Orgie."

Die Muschel kann mit ihrem Fuß die Position wechseln oder sich verankern.

Junge Muscheln werden gefangen, an anderer Stelle angesiedelt und nach fast drei Jahren geerntet.

EXPERTEN-TIPP:

„Eine rohe Auster ist lecker. Aber eine rohe Miesmuschel ist wahnsinnig. Man schmeckt die See."

{ SERGIO HERMAN }
STERNEKOCH

L'AMOUR des Moules

DOKUMENTARFILM — NIEDERLANDE / BELGIEN — 2012 — 73 MIN.

REGIE: **WILLEMIEK KLUIJFHOUT**
PRODUKTION: **REINETTE VAN DE STADT**

KOCH: **JOHANNES KING**

ZWISCHENGERICHT

Gebratene Meeräsche auf Queller und Herzmuscheln mit Stampfkartoffeln

HAUPTGANG

Sylter Muscheleintopf

Belgier, Holländer, Franzosen und viele Deutsche warten voller Sehnsucht auf die acht Monate mit „r". Dann ist die traditionelle Saison für Miesmuscheln. Die Nordsee ist klar und kühl, und die Muscheln sind entsprechend sauber und gut genährt. Überall an der Küste und auch im Binnenland dampfen dann die Muscheltöpfe. Doch wie sie eigentlich auf unsere Teller kommen, ist wenig bekannt. In diesem charmanten und informativen Dokumentarfilm wird der Lebenszyklus der Miesmuscheln gezeigt: Traditionell werden junge Muscheln, die sogenannte Muschelsaat im Wattenmeer gefangen, dann an der Oosterschelde angesiedelt und nach etwa 1000 Tagen mit Schleppnetzen geerntet. Da es zu wenig Muschelsaat gibt, wird sie heute gezüchtet. In einem Aquarium in der holländischen Provinz Zeeland bewegt die junge Meeresbiologin Annelies vorsichtig die Muscheln. In einzigartigen Aufnahmen beobachten wir, wie die Schalen einer männlichen Muschel sich öffnen. Flüssigkeiten treten aus, wirbeln im Wasser und finden ihren Weg zu einem Weibchen, das sich nun öffnet. Zigtausende von Eiern werden befruchtet. Und wie das Leben so spielt, wird auch die junge Meeresbiologin schwanger und trägt am Ende des Films einen strammen Jungen an Bord eines Muschelkutters, auf dem ihr Mann am Ruder steht. Seine Zukunft ist ungewiss, denn EU-Verordnungen wollen das Muschelfischen im Wattenmeer verbieten. Könnten wir dann nur noch Muscheln essen, die keinen Sandboden mehr unter ihrem Fuß gehabt haben, sondern an Seilen wachsen? Diese Muschelrezepte stammen von Johannes King aus Rantum auf Sylt. Hier findet der Zwei-Sterne-Koch mit seiner „Nase für Genuss", wie er sein Riechorgan stolz nennt, die besten Produkte. Mit der Vielfalt der Erzeugnisse vor seiner Haustür komponiert er zwei Gerichte, die den Wind und die Gezeiten spüren lassen. Er verspricht uns mit seiner Zubereitung der Meeräsche und des Muscheleintopfs einen „Triumphzug des guten Geschmacks". Zuviel Pathos? Aber nein, schließlich soll sogar Venus aus einer Muschel gestiegen sein. Kochen Sie mit Liebe.

GEBRATENE MEERÄSCHE
auf Queller und
Herzmuscheln
mit Stampfkartoffeln

ZUTATEN
{6 PERSONEN}

STAMPFKARTOFFELN — 400 g mehligkochende Kartoffeln — Meersalz
etwa 100 ml Gemüsefond — frisch gemahlener schwarzer Pfeffer
HERZMUSCHELN — 500 g frische Herzmuscheln, in der Schale — 50 g geklärte Butter
2 Schalotten, fein gewürfelt — 6 feste weiße Champignons, geviertelt — 80 g Fenchel, gewürfelt
Fenchelkraut zum Garnieren — 40 ml Noilly Prat — 100 ml Fischfond — 40 ml Traubenkernöl
Limonensaft — grobes Meersalz — frisch gemahlener weißer Pfeffer
MEERÄSCHEN — 6 Meeräschenfilets (à 140 g), mit Haut — grobes Meersalz
frisch gemahlener weißer Pfeffer — 40 ml Traubenkernöl — Mehl zum Bestäuben
20 g Butter — 1 Zweig Thymian
QUELLER — 200 g Queller (Salzwiesenpflanze, alternativ Brunnenkresse), frisch gezupft — 10 g Butter
1 EL glatte Petersilie, frisch gehackt — frisch gemahlener Pfeffer

{2 H}

WEINEMPFEHLUNG

Trockener
Saar-Riesling vom Weingut
VAN VOLXEM.

STAMPFKARTOFFELN — Kartoffeln schälen, vierteln und mit möglichst wenig Salzwasser in etwa 12 Minuten weich kochen. Kochwasser nicht abgießen, sondern Kartoffeln mit dem Kochwasser stampfen. Soviel Gemüsefond dazugießen, bis die Kartoffelmasse die gewünschte Konsistenz hat, aber noch kleine Stückchen enthält und sämig ist. Mit Salz und Pfeffer würzen.
HERZMUSCHELN — Herzmuscheln waschen. Geklärte Butter erhitzen. Schalotten, Champignons, Fenchel und Herzmuscheln mit Schale dazugeben und alles bei hoher Hitze kurz anschwitzen. Mit Noilly Prat ablöschen und mit Fischfond aufgießen. Abgedeckt bei niedrigster Hitze 5 Minuten ziehen lassen. Muscheln aus dem Sud nehmen und den Sud durch ein Sieb in einen anderen Topf gießen. Mit einem Stabmixer aufmixen, bis er die gewünschte Konsistenz hat, dabei das Traubenkernöl einlaufen lassen. Mit etwas Limonensaft, Salz und Pfeffer abschmecken.
MEERÄSCHEN — Meeräschenfilets leicht salzen und pfeffern. Traubenkernöl in einer Teflonpfanne erhitzen. Fischfilets auf der Hautseite mit Mehl bestäuben und auf dieser Seite etwa 1 Minute knusprig braten. Dann die Pfanne in den Ofen stellen und den Fisch 3–5 Minuten bei 100 °C weitergaren, bis er fast weiß ist. Butter und Thymian dazugeben, wieder auf dem Herd erhitzen, kurz wenden und dabei immer wieder mit Bratensaft übergießen.
QUELLER — Queller kurz waschen und in streichholzlange Stücke zupfen. Butter erhitzen, bis sie schäumt und den Queller kurz darin schwenken. Petersilie dazugeben und mit Pfeffer abschmecken.
ANRICHTEN — Stampfkartoffeln auf 6 tiefe Teller verteilen. Je 6 Muscheln und je 1 Meeräschenfilet darauflegen und mit Quellerstückchen bestreuen. Etwas Muschelsud darübergeben und mit Fenchelkraut garnieren.

SYLTER Muscheleintopf

WEINEMPFEHLUNG

Rheingau Riesling
Montosa vom Weingut
GEORG BREUER.

ZUTATEN
{6 PERSONEN}

2 kg Lister Blaumuscheln — 1 kg Herzmuscheln — 1 kg Schwertmuscheln — 500 g Meerschnecken
60 ml Sonnenblumenöl — 5 Schalotten, in Ringe geschnitten
150 g Fenchel, gewürfelt — 150 g Staudensellerie, gewürfelt — 100 g Karotten, gewürfelt
50 g Butter — 100 ml Noilly Prat — 400 ml leichter Fischfond — 1 große Prise Safran, gemahlen
1 TL Knoblauch, blanchiert und fein geschnitten — je 1 EL Fenchelkraut, fein gehackt und glatte Petersilie
Meersalz — frisch gemahlener schwarzer Pfeffer — Zitronenschale

{1 H 10 MIN}

MUSCHELEINTOPF — Muscheln und Meerschnecken putzen und kurz waschen, danach gut abtropfen lassen. Öl in einem Topf stark erhitzen. Schalotten, Fenchel, Staudensellerie und Karotten dazugeben und kräftig anschwitzen. Butter und Muscheln hinzufügen und bei starker Hitze 3–4 Minuten mitschwitzen. Mit Noilly Prat ablöschen, dann den Fischfond, Safran und Knoblauch einrühren. Zugedeckt bei schwacher Hitze aufkochen und 5 Minuten ziehen lassen. Fenchelkraut sowie Petersilie dazugeben und mit Salz sowie Pfeffer abschmecken. Muscheln mit einer Schaumkelle herausnehmen, dann den Topf etwas schräg stellen und kurz warten, damit sich vorhandener Sand absetzen kann. Sud und Gemüse vorsichtig durch ein Sieb in einen anderen Topf abgießen, der Sand soll im Topf zurückbleiben. Nun die Sauce bei Bedarf noch etwas einköcheln lassen, dann wieder über die Muscheln gießen.
ANRICHTEN — Muscheln mit Gemüse und Sud in tiefen Tellern anrichten. Vor dem Servieren salzen, pfeffern und etwas Zitronenschale darüberreiben.

„Einfache, aber handwerklich produzierte Lebensmittel gewinnen zunehmend ein Image von Luxus."

{JOHANNES KING}

BENVENUTI A *tavola*

EINFÜHRUNG IN FILME UND GERICHTE

ITALIENS KÜCHE IM FILM

Manchmal sind die Unterschiede kleiner als gedacht. Italiener und Franzosen nutzen den gleichen Begriff für das, was sie am liebsten tun: *convivialità/é* – gesellig sein. Der Geist der Geselligkeit und die Freude am Teilen sitzen in Italien immer mit am Tisch. Auch wenn ein Essen mit einfachen Zutaten bereitet wurde, muss es großzügig bemessen sein.

Italien ist ein Land sehr unterschiedlicher Provinzen und Küchen und jeder Italiener ist ein Koch. Endlos drehen sich Gespräche darum, wie viele Zwiebeln in eine Tomatensauce gehören oder wie dick man den Knoblauch schneidet, wie in *Good Fellas* und *Big Night* köstlich inszeniert. Dabei ist es egal, ob der Esstisch im Knast steht oder in einem Restaurant.

Architekt der Geselligkeit und Lebensfreude, der Ort des Teilens, ist der Tisch. Oder die Tafel/tavola, wie es vor der Erfindung des festen Tisches hieß. Auf einem Brett wurden Speisen aus der Küche getragen und auf Holzböcke gestellt. War das Essen beendet, hob man die Tafel auf und trug sie fort.

In *Bella Martha* geht es aber auch ohne Tisch. Da wird ein Picknick kindlich unkompliziert auf dem Fußboden veranstaltet. Erst dann befinden sich Martha und Mario auf Augenhöhe und die Liebe kann sich anbahnen.

In *Festmahl im August* vereint ein festlich gedeckter Tisch vier alte Damen, die sich vorher fremd und nicht ganz grün waren. Erst die Besinnung auf die *convivialità* brachte sie zusammen und die Unterschiede „fielen unter den Tisch".

Ein Tisch kann aber auch zu groß sein, sodass er die Menschen eher voneinander entfernt, als dass er sie vereint. Steif geht es zu an der Tafel in *Ich bin die Liebe*, an deren Kopfende ein unwirscher Patriarch thront und die Gäste vom Personal mit Essen generalstabsmäßig versorgt werden.

In *Big Night* dagegen wird an einem langen Tisch das Fest des Lebens zelebriert, denn Koch Primo weiß: Gut zu essen, bedeutet Gott nahe zu sein. Egal, ob man sich zu zweit ein wackeliges Tischchen teilt oder mit vielen Gästen an einer festlichen Tafel speist, der Tisch ist nur ein Angebot, gesellig zu sein. Die Lust, das Leben zu genießen und die Freude am Essen zu teilen, bringen wir mit. Denn wer hört es nicht gerne: A tavola, mangiamo!

BELLA MARTHA   {KÖCHIN: CORNELIA POLETTO}   SEITE **70**
BIG NIGHT   {KOCH: MICHAEL KEMPF}   SEITE **76**
DAS FESTMAHL IM AUGUST   {KÖCHIN: LÉA LINSTER}   SEITE **82**
ICH BIN DIE LIEBE   {KOCH: CHRISTIAN LOHSE}   SEITE **88**
GOODFELLAS   {KOCH: KOLJA KLEEBERG}   SEITE **94**

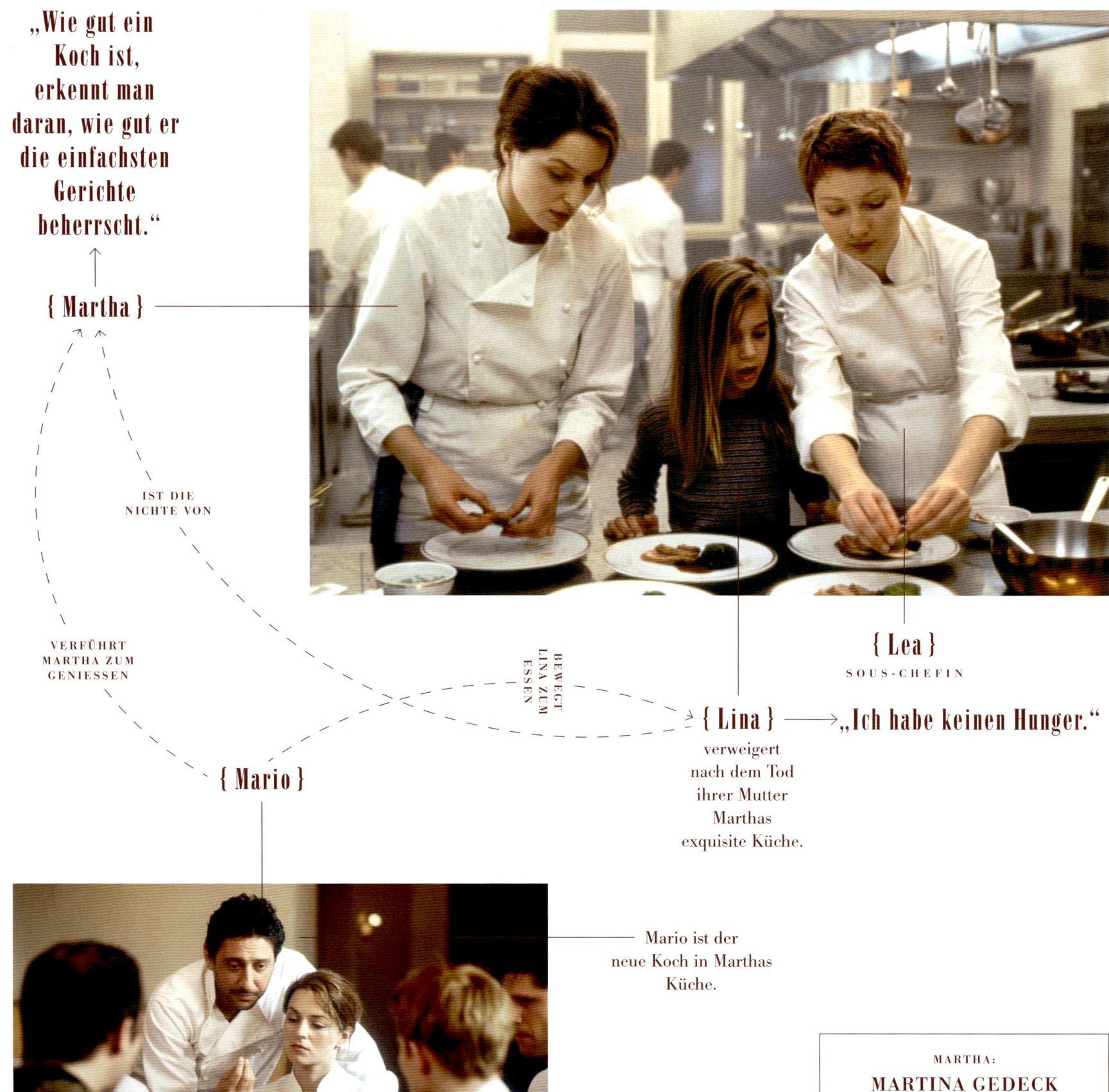

„Wie gut ein Koch ist, erkennt man daran, wie gut er die einfachsten Gerichte beherrscht."

{ Martha }

IST DIE NICHTE VON

VERFÜHRT MARTHA ZUM GENIESSEN

BEWEGT LINA ZUM ESSEN

{ Mario }

{ Lea }
SOUS-CHEFIN

{ Lina } → „Ich habe keinen Hunger."

verweigert nach dem Tod ihrer Mutter Marthas exquisite Küche.

Mario ist der neue Koch in Marthas Küche.

MARTHA:
MARTINA GEDECK
MARIO:
SERGIO CASTELLITTO
LINA:
MAXIME FOERSTE

BELLA MARTHA

Bella MARTHA

MELANCHOLISCHE KOMÖDIE — DEUTSCHLAND — 2001 — 109 MIN.

REGIE: **SANDRA NETTELBECK**
PRODUKTION: **KARL BAUMGARTNER — CHRISTOPH FRIEDEL**

KÖCHIN: **CORNELIA POLETTO**

HAUPTGANG

Étouffée-Taubenbrust mit Räucheraalgemüse und Rotweintortellini

DESSERT

Schokoladensoufflé mit Mango-Passionsfrucht-Ragout und Mangosorbet

---

Die Küche im Restaurant „Lido" ist Marthas Reich. Hier bestimmt sie als Chefköchin über die Zubereitung von Foie gras, Tauben mit Trüffeln, Lachs in Basilikumsauce. Aber die wichtigsten Zutaten in Marthas Küche sind „Präzision, Timing und Logistik. Ohne sie kann man die Gastronomie vergessen." Martha serviert keine menschliche Wärme. Auch zu Hause kocht sie, isst aber nichts, sondern beglückt ihre Nachbarn damit. Nur bringen die edlen Speisen Martha ihren Mitmenschen nicht näher. Sie verweigert jede Art von Geselligkeit. Ihr von Arbeit geprägtes Weltbild gerät ins Wanken, als ihre Schwester bei einem Unfall tödlich verunglückt. Deren Tochter Lina überlebt, und Martha nimmt sich ihrer an. Es ist rührend zu sehen, wie Martha versucht, das seelisch verletzte Kind mit exquisitem Essen zu trösten, das Lina aber total verweigert. Derweil bekommt Martha Konkurrenz in ihrer eigenen Küche. Die Restaurant-Managerin hat ihr den italienischen Koch Mario vor die Nase gesetzt. Er hört laut Musik von Paolo Conte, tanzt dazu singend durch die Küche, er kocht gut. Mario, der große Verführer, versteht es, Lina wieder zum Essen zu bewegen. Ein mit Spaß servierter Teller Spaghetti ändert alles. Mario versteht es auch, Martha zum Genießen zu verführen. Aber nur über Umwege, sie will sich schließlich treu bleiben. Dass Martha Mario als Konkurrenz in der Küche fürchtet, ist nicht abwegig. Es gibt in Deutschland (2014) nur acht besternte Köchinnen. Auch Cornelia Poletto, die jahrelang einen Stern verteidigte, findet es „schwierig, Beruf und Familie zu vereinen. Aber wenn man nicht jeden Tag in der Küche steht, verlieren die Gerichte deine Handschrift." Cornelia Polettos kulinarische Handschrift und ihr Händchen für italienische Küche beweist sie mit dem Rezept für die Taubenbrüste, über die Bella Martha im Film sagt: „Sie können nicht zäh werden, höchstens trocken!" Mit diesem Rezept wird Ihnen die Taubenbrust gelingen. Und weil Nudeln glücklich machen, wie uns Lina und Mario gezeigt haben, gibt es dazu Rotwein-Tortellini. Für den süßen Abgang sorgt ein Schokoladensoufflée mit Mangosorbet. Machen Sie es wie Mario: Verführen Sie gut!

ÉTOUFFÉE-TAUBENBRUST
mit Räucheraalgemüse und
Rotwein tortellini

WEINEMPFEHLUNG

Unser Fotograf hat eine Flasche Châteauneuf-du-Pape neben den Teller gestellt. Das ginge, aber wie wär's mit einem reifen Barolo, vinifiziert im großen Fass von BEPPE RINALDI aus Barolo?

„Die Welt ist ein trauriger Ort ohne deine Taube mit Trüffeln, Martha."

{MARIO}

„Trüffel muss man sich leisten können. Wer damit spart, hat schon verloren."

{MARTHA}

ZUTATEN
{4 PERSONEN}

TORTELLINITEIG — 125 g Hartweizengrieß — 75 g Mehl — 2 Eier — etwas Rote-Bete-Pulver
ROTWEINFOND — 1 l Rotwein — 1 l roter Portwein — 1 Bund Suppengemüse frischer Rosmarin und Thymian
TAUBEN — 4 Étouffée-Tauben, mit Innereien — Salz — frisch gemahlener Pfeffer — Olivenöl Butter — 1 rote Zwiebel, fein gewürfelt — 2 EL Vincotto — 2 EL alter Aceto Balsamico — je 3 Zweige Rosmarin und Thymian, gehackt — Eiweiß — Taubenjus zum Servieren
SCHAUM — Gräten vom Räucheraal — 500 ml Geflügelbrühe — 50 ml Noilly Prat 50 ml Weißwein — 100 ml Sahne
RÄUCHERAALGEMÜSE — 1 Bund grüner Spargel — 100 g frische Dicke-Bohnen-Kerne 100 g Zuckerschoten — 100 g Erbsen — Salz — 4 Schalotten — 50 g Butter frisch gemahlener Pfeffer — 1 Bund Bohnenkraut, gehackt — 60 g Räucheraal, von Gräten befreit und gewürfelt

{2 H 30 MIN + KÜHLEN, RUHEN LASSEN & BACKEN}

TORTELLINITEIG — Alle Zutaten zu einem festen Teig kneten, in Klarsichtfolie wickeln und mindestens 1 Stunde ruhen lassen. Den Teig dünn ausrollen. Kreise von 8 cm Durchmesser ausstechen.
ROTWEINFOND — Alle Zutaten in einen Topf geben und auf die Hälfte einkochen. Anschließend durch ein Sieb abgießen.
TAUBEN UND TORTELLINIFÜLLUNG — Tauben ausnehmen, waschen und trocken tupfen. Herz und Leber beiseite stellen. Keulen auslösen, salzen und pfeffern. In Olivenöl anbraten und auskühlen lassen. Herz und Leber fein hacken. Die Masse kurz in schäumender Butter anbraten, aus der Pfanne heben. Die Zwiebel in Olivenöl anschwitzen. Keulen darin schmoren, das Fleisch vom Knochen lösen. Keulenfleisch, geschmorte Zwiebel und Innereien mischen, mit Vincotto und Aceto Balsamico abschmecken. Thymian und Rosmarin dazugeben und auskühlen lassen. Etwas von der Füllung in die Mitte eines jeden Teigkreises geben. Die Ränder mit Eiweiß bepinseln und zu Tortellini formen. Diese im Rotweinfond etwa 4 Minuten garen. Taubenbrustfilets salzen, pfeffern und in Olivenöl anbraten. Im Ofen etwa 7 Minuten bei 160 °C garen. Kurz ruhen lassen, Fleisch auslösen, Haut entfernen. Filets vor dem Servieren kurz nachbraten, salzen und pfeffern.
SCHAUM — Alle Zutaten einige Minuten bei niedriger Hitze einköcheln. Durch ein Sieb abgießen. Vor dem Servieren zu Schaum aufmixen.
RÄUCHERAALGEMÜSE — Gemüse putzen, in Salzwasser bissfest blanchieren, herausheben. Schalotten in Butter anschwitzen und das blanchierte Gemüse dazugeben. Mit Salz, Pfeffer, Bohnenkraut und Räucheraal abschmecken.
ANRICHTEN — Gemüse und die Rotweintortellini auf vorgewärmten Tellern anrichten. Beides mit dem Schaum beträufeln. Taubenbrustfilets in dünne Scheiben schneiden und fächerförmig auf das Gemüse legen. Mit Taubenjus beträufeln.

SCHOKOLADENSOUFFLÉ
mit Mango-Passionsfrucht Ragout und
Mangosorbet

ZUTATEN
{6 PORTIONEN}

MANGOSORBET — 250 g Zucker — 245 ml Wasser — 400 g Mangopüree — 100 g Passionsfruchtpüree

MANGO-PASSIONSFRUCHT-RAGOUT — 50 g Zucker — 4 Passionsfrüchte, Fruchtfleisch und Kerne ausgekratzt — 1 reife Mango, geschält und gewürfelt

SOUFFLÉ — 6 Eier — 200 ml Milch — 100 g Zucker — 60 g Schokolade (z. B. von Valrhona, Guanaja) — 60 g Mehl — 20 g Speisestärke — 15 g Butter — Butter und Zucker für die Förmchen — Puderzucker zum Bestäuben

{55 MIN + GEFRIEREN & BACKEN}

MANGOSORBET — Zucker und Wasser in einen Topf geben und aufkochen lassen. Fruchtpüree einrühren und die Mischung in der Eismaschine nach Anleitung gefrieren lassen. Alternativ in einigen Stunden im Gefrierfach frieren, dabei stündlich durchrühren.

MANGO-PASSIONSFRUCHT-RAGOUT — Zucker in einem Topf erwärmen und goldgelb karamellisieren. Fruchtfleisch der Passionsfrucht dazugeben und einkochen lassen, bis der Zucker sich aufgelöst hat. Zum Schluss die Mangowürfel einrühren.

SOUFFLÉ — Backofen auf 200 °C (Ober- und Unterhitze) vorheizen. Eier trennen. Eigelb mit der Milch, der Hälfte des Zuckers, der Schokolade sowie der Butter aufkochen. Masse in eine Schüssel füllen und nach und nach das Mehl und die Stärke mit einem Schneebesen einrühren. Eiweiß mit dem restlichen Zucker sehr steif schlagen und zügig unter die Teigmasse heben. Förmchen einfetten und mit Zucker ausstreuen. Anschließend die Soufflémasse einfüllen. Soufflés 15–20 Minuten im Backofen backen, bis sie fest werden.

ANRICHTEN — Soufflés aus den Förmchen stürzen, mit Puderzucker bestäuben und mit dem Mango-Passionsfrucht-Ragout und dem Mangosorbet servieren.

WEINEMPFEHLUNG

Probieren Sie zum Dessert einen biodynamischen Gewürztraminer aus Südtirol vom Weingut **TENUTAE LAGEDER**.

„Ich esse nie Nachtisch."

{MARTHA}

„Das kannst du mir nicht antun!"

{MARIO}

PRIMO
„Wie kann man nur Spaghetti zum Risotto wollen?! Soll ich auch noch Kartoffelpüree dazugeben? – Sie ist eine Kriminelle."

SECONDO
„Das ist ein spezielles Gericht. Wir haben es aus Italien mitgebracht."

Ehefrau von Pascal, der ein konkurrierendes Restaurant führt.

{ Primo }
CHEFKOCH DES PARADISE

{ Gabriella }

BRÜDER

HABEN EINE AFFÄRE

{ Secondo }
GESCHÄFTSFÜHRER DES PARADISE

Secondo lädt zum großen Festmahl um das Paradise vor dem Ruin zu bewahren.

PRIMO:
TONY SHALHOUB
SECONDO:
STANLEY TUCCI
GABRIELLA:
ISABELLA ROSSELINI

BIG NIGHT

Nacht der Genüsse

DRAMA — USA 1996 — 107 MIN.

REGIE: STANLEY TUCCI, CAMPBELL SCOTT
PRODUKTION: JONATHAN FILLEY — DAVID KIRKPATRICK
KEITH SAMPLES

KOCH: MICHAEL KEMPF

HAUPTGANG

Lachsfilet im Strudelblatt mit Rotweinspinat und Safransabayon

DESSERT

Topfensoufflé mit Tonkabohne und eingelegten Waldbeeren

Wissen Sie, was ein Timpano ist? Eine Trommel? Ein Auflauf? Beides. Die Auflaufform erinnert an eine Trommel. Darin befinden sich unter einer Nudelteigkruste die „besten und wichtigsten Zutaten der Welt", erklärt Koch Primo seiner Freundin im Drama *Big Night – Nacht der Genüsse*. Das Geheimrezept stammt von seiner Familie in Italien und ist sehr aufwendig herzustellen. Die Kunst der Timpano-Zubereitung besteht darin, zu wissen, was die Zutaten miteinander treiben, ohne dass man ihnen zusehen kann. Die ungleichen Brüder Primo und Secondo betreiben das kleine Restaurant „Paradise" im New Jersey der 1950er-Jahre, in jener Zeit also, in der die Leute glauben, Spaghetti seien eine Beilage, die man zum Risotto isst. Koch Primo hält kompromisslos an seiner italienischen Kochtradition fest. Alles andere wäre Verrat an seiner Identität. Secondo aber träumt vom schnellen Geld. Deshalb ist er nach Amerika ausgewandert, und dafür würde er auch Primos Kochtradition opfern. Es kommt anders. Das „Paradise" steht kurz vor der Pleite. Eine Idee muss her. Der berühmte Pop-Sänger Louis Prima ist in der Stadt. Er wird zu einem Festmahl eingeladen. Die Presse soll berichten und das „Paradise" berühmt machen. Koch Primo erreicht in dieser großen Nacht alles, was gutes Essen vermag. Er macht die Menschen an der langen Tafel zu einer verschworenen Gemeinschaft. Man liegt sich in den Armen vor Glück und Genuss. Das fantastische Mahl löst die Zungen und amouröse Verwicklungen der Gäste, Lügen und Geheimnisse werden aufgedeckt sowie der Grund, warum der sehnsüchtig erwartete Louis Prima nicht erschienen ist. Für die „Nacht der Genüsse" kauft Secondo einen ganzen Lachs, so groß, dass er die gesamte Rückbank seines Straßenkreuzers einnimmt. Der Berliner Sternekoch Michael Kempf hat sich für *Big Night* der Idee des Timpano angenommen und den Lachs mit Zanderfarce in Blätterteig versteckt, damit er schön saftig bleibt. Dazu passen farbenfroher Rotweinspinat und leuchtend gelbe Safransabayon. Wir empfehlen dazu Musik von Louis Prima. Laut mitsingen! Buona Sera!

LACHSFILET IM Strudelblatt mit Rotweinspinat und Safransabayon

WEINEMPFEHLUNG

Zum Lachs passt – nicht nur farblich – ein Rosé aus der Toskana vom Weingut **RIECINE**.

ZUTATEN
{4 PERSONEN}

LACHS UND FARCE — 400 g Lachsfilet (Wildlachs oder aus Bio-Zucht) — 100 g Zanderfilet
1 EL Dill, gezupft — 1 EL glatte Petersilie, frisch gehackt — 1 EL Kerbel, gezupft
100 g Sahne — Meersalz — frisch gemahlener weißer Pfeffer — 20 g Butter
fein gemahlener Kreuzkümmel — 1 Rolle Filoteig — Sonnenblumenöl
SPINAT — 200 g frischer Blattspinat — 300 ml Rotwein — 300 ml roter Portwein — 3 Schalotten
1 Knoblauchzehe — 40 g Butter — Meersalz — 1 EL Pinienkerne, geröstet
SAFRANSABAYON — 100 ml Cidre — 2 Prisen Safran — 1 Prise Chilipulver
Saft und Schale von 1 Zitrone — 2 Eier — 2 Eigelb

{1 H 30 MIN + KÜHLEN}

LACHS UND FARCE — Lachs in 4 quadratische Stücke portionieren und kühl stellen. Zanderfilet in sehr feine Würfel schneiden und für 10 Minuten ins Gefrierfach stellen. Dann die Zanderwürfel mit den Kräutern sehr fein pürieren. Die Masse nochmals 5 Minuten gefrieren. Anschließend Sahne untermixen und mit Salz sowie Pfeffer abschmecken. Zander-Kräuterfarce kühl stellen. Butter erhitzen und bräunen, dann etwas Kreuzkümmel unterrühren. Den Filoteig in 16 Streifen von 20 × 8 cm schneiden. Jeweils 1 Streifen mit der Kreuzkümmel-Butter bepinseln. Einen zweiten darauflegen und festdrücken. Immer 2 doppelte Strudelstreifen kreuzweise auf die Arbeitsfläche legen. Lachsquadrate mit der Zanderfarce bestreichen, in die Mitte des Kreuzes legen, die Streifen über den Lachs schlagen und andrücken. Lachsstrudel in einer Pfanne in Sonnenblumenöl bei niedriger Hitze von allen Seiten goldgelb anbraten. Dann auf einem Gitter im Backofen bei 120 °C in etwa 5 Minuten fertig garen.
SPINAT — Blattspinat waschen. Rot- und Portwein solange einkochen, bis ein leichter Sirup entsteht. Schalotten und Knoblauch schälen, sehr fein würfeln und mit der Butter in einem großen Topf andünsten. Spinat dazugeben und salzen. Weinreduktion und Pinienkerne einrühren. Alles kurz andünsten.
SAFRANSABAYON — Cidre mit Safran, Chili, Zitronensaft und -schale sowie den Eiern und den Eigelben in einer Metallschüssel auf einem Topf mit mäßig kochendem Wasser schaumig aufschlagen.
ANRICHTEN — Spinat auf vorgewärmten Tellern verteilen. Die Lachsstrudel in der Mitte durchschneiden und hochkant auf dem Spinat anrichten. Mit grobem Meersalz bestreuen. Safransabayon um den Spinat herum verteilen und sofort servieren.

TOPFENSOUFFLÉ MIT
Tonkabohne und eingelegten
Waldbeeren

WEINEMPFEHLUNG

Tanzen Sie hemmungslos zum Pop-Rock von Louis Prima und löschen Sie den Durst mit einer Vernaccia di San Gimignano.

ZUTATEN
{6 SOUFFLÉFÖRMCHEN}

250 ml roter Portwein — 2 EL Honig — 6 EL Waldbeeren — 50 g Zucker — 250 g Magerquark
3 Eier, getrennt — Schale von 1 Zitrone, gerieben — 2 Prisen Tonkabohnenpulver — 1 Prise Salz
30 g Weizenstärke — Butter und Zucker für die Förmchen
Waldbeeren und Puderzucker zum Garnieren

{45 MIN + BACKEN & MARINIEREN}

SOUFFLÉ — Portwein etwas einkochen und Honig darin auflösen. Waldbeeren dazugeben und über Nacht marinieren lassen. Für die Topfenmasse 20 g Zucker, Quark, Eigelbe, Zitronenschale und Tonkabohnenpulver glatt rühren. Eiweiße mit dem restlichen Zucker und Salz steif schlagen. Weizenstärke darübersieben und mit einem Schneebesen unterheben. Anschließend alles gut unter die Topfenmasse heben. 6 Souffléförmchen einfetten, mit Zucker bestreuen und 1 Esslöffel eingelegte Waldbeeren einfüllen. Anschließend die Soufflémasse darauf verteilen. Den Backofen auf 210 °C vorheizen. Ein tiefes Backblech mit Zeitungspapier auslegen und 2 cm hoch mit heißem Wasser füllen. Dann die Souffléförmchen daraufstellen und die Soufflés im Ofen 12 Minuten backen.

ANRICHTEN — Soufflé direkt aus der Form löffeln oder vorsichtig aus der Form lösen und auf Teller stürzen. Mit frischen Waldbeeren garnieren und mit Puderzucker bestäubt servieren.

„Die Leute sollen nur wegen des Essens kommen."

{PRIMO}

„Ich weiß. Aber sie tun's nicht."

{SECONDO}

„Mama, ich arbeite noch!"

{ Gianni }

betreut seine Mutter rund um die Uhr und bekommt spontan noch ein paar weitere betagte Frauen aufs Auge gedrückt.

{ Maria }

BEKOCHT MAMA UND DIE ANDEREN DAMEN

„Gianni, warum hast du immer noch diese Schürze an?"

{ Valeria }

DIE DAMEN

trauen der Angelegenheit anfangs nicht über den Weg, wollen am Ende aber, dass das Fest nie endet.

{ Maria }   { Marina }   { Gianni }
{ Alfonso }   { Grazia }

GIOVANNI:
GIANNI DI GREGORIO
MAMA VALERIA:
VALERIA DE FRANCISCIS
MARINA:
MARINA CACCIOTTI
MARIA:
MARIA CALI
GRAZIA:
GRAZIA CESARINI SFORZA

DAS FESTMAHL IM AUGUST

DAS FESTMAHL im AUGUST

Pranzo di Ferragosto

KOMÖDIE — ITALIEN — 2008 — 75 MIN.

REGIE: **GIANNI DI GREGORIO**
PRODUKTION: **MATTEO GARRONE**

KÖCHIN: **LÉA LINSTER**

HAUPTGANG

Zanderfilet
mit Rieslingsauce und
Parmesan-Kartoffelnocken

DESSERT

Karamellisierte
frische Feigen

Rom an einem Sommertag, am Vortag des Ferragosto, Mariä Himmelfahrt. Die Hitze flirrt, die Straßen sind fast menschenleer. Gianni kommt vom Einkaufen und braucht jetzt dringend einen kalten Weißwein. Er lässt anschreiben. Wir wissen nicht, was Gianni in den letzten 40 Jahren gemacht hat, aber zur Zeit lebt er mit seiner Mutter in einer großen Altbauwohnung in einem besseren Viertel. Er kann der Hitze nicht entfliehen, weil er „Mama rund um die Uhr betreuen muss. Und eine alte Mutter lässt man nicht alleine." Das ist der Ehrenkodex, der Giannis Leben im Griff hat. Wenn er sowieso wegen La Mamma in Rom bleiben muss, kann er sich auch um die Mutter des Hauswartes, dessen Tante und die Mutter seines Arztes kümmern, finden seine Freunde und fahren ohne Mütter ans Meer. So verwandelt sich Giannis Wohnung in eine Alten-WG auf Zeit. Gianni versucht, jeder Dame gerecht zu werden, was ihm aber nie ganz gelingt. Er hat es hier nicht mit alten Eisen zu tun, sondern willensstarken Individuen. Die Damen wissen diese kurze Zeit fernab der Familie als kleine Freiheiten für sich zu nutzen. Grazia hält ihren drastischen Diätplan nicht ein und futtert nachts die verbotene Pasta al forno. Marina stiehlt sich in Pantoffeln in die nächste Kneipe, um ausgiebig zu trinken und zu rauchen. Kamillentee? Eine Frechheit in ihrem Alter! Auch vor sexuellen Angeboten kann sich Gianni, der gute Sohn, kaum retten. Den Stress spült er mit sehr viel Weißwein hinunter. Und morgen ist er die Quälgeister wieder los. Zu früh gefreut. Sie bestehen darauf, auch diesen Tag miteinander zu verbringen. Dagegen ist Gianni machtlos. Es wird ein großartiges Festessen. So wunderbar gesellig, dass sie, dank Giannis Kochkünsten, auch noch den Abend gemeinsam verbringen wollen. Léa Linster hat sich „in den Film sofort verliebt" und ein filmreifes Menü gezaubert. Ihr Fisch kommt aber nicht aus dem stinkenden Tiber, sondern aus der Havel. Als Abbinder gibt es reife, süße, saftige und karamellisierte Feigen. Mit ganz viel Sahne!

WEINEMPFEHLUNG

Frischer, trockener, deutscher Riesling – vielleicht sogar ein Cross-Mosel von Lea Linsters Weingut VON HÖVEL.

ZANDERFILET
mit Rieslingsauce und
Parmesan Kartoffelnocken

ZUTATEN
{ 4 PERSONEN }

PARMESAN-KARTOFFELNOCKEN — 8 festkochende Kartoffeln (etwa 800 g) — 1 EL Olivenöl
Meersalz — 2 Stängel glatte Petersilie, gehackt — 2 EL Parmesan, gerieben
RIESLINGSAUCE — 2 kleine Zwiebeln — 1 Knoblauchzehe — Meersalz — 2 EL Olivenöl
100 ml Riesling — 100 ml Muschelfond (alternativ Gemüse- oder Hühnerfond)
50–100 ml Sahne — ½ TL Zitronensaft — Muskatnuss, frisch gerieben
ZANDER — 4 Zanderfilets (à 180 g, am besten selbst geangelt in der Havel oder Bioqualität)
25 g Butter — Meersalz
GARNITUR — 1 Baguette — geklärte Butter — 1–2 Stängel glatte Petersilie, fein gehackt
2 TL Parmesan, fein gerieben — 2 TL Weißbrotbrösel, fein gerieben — Parmesan, gehobelt

{ 1 H 50 MIN + KOCHEN & BACKEN }

PARMESAN-KARTOFFELNOCKEN — Kartoffeln mit Schale kochen, schälen, vierteln und in eine vorgewärmte Schale geben. Mit Olivenöl beträufeln und salzen. Mit einer Gabel zerdrücken und die Petersilie sowie Parmesan untermischen. Aus der Kartoffelmasse nicht zu flache Nocken formen.
RIESLINGSAUCE — Zwiebeln schälen und sehr fein schneiden. Vom Knoblauch den Keim entfernen und die Zehe 2 Minuten in kochendem Salzwasser blanchieren. Mit eiskaltem Wasser abschrecken. Zwiebeln und Knoblauch in Olivenöl leicht andünsten. Mit 3–4 Esslöffeln Wasser ablöschen und die Flüssigkeit einkochen lassen. Riesling, etwas Salz und Fond dazugeben. Sauce zugedeckt 30 Minuten köcheln lassen. Im Mixer fein pürieren, durch ein feines Sieb passieren und in einem Topf warm halten. Sahne schlagen, salzen und mit ein paar Spritzern Zitronensaft und etwas Muskat aromatisieren.
ZANDER — Zanderfilets entgräten, waschen und trocken tupfen. In einer Pfanne Butter zerlassen. Filets salzen und sofort mit der Hautseite nach unten in die Pfanne legen. Kross anbraten, zum Fertiggaren 2–3 Minuten in den 180 °C heißen Backofen stellen.
GARNITUR — Vom Baguette 4 hauchdünne Scheiben sehr schräg abschneiden (am besten vorher einfrieren). Die Scheiben mit einem Hauch geklärter Butter bestreichen. Ein Blech mit Backpapier auslegen, Brotscheiben daraufgeben und mit einem zweiten Backblech beschweren, damit sie sich nicht wölben. Im Backofen bei 180 °C etwa 10 Minuten hellbraun backen. Petersilie, Parmesan und Weißbrotbrösel vermischen und auf die Scheiben geben.
ANRICHTEN — Kartoffelnocken auf angewärmten Tellern anrichten und mit gehobeltem Parmesan bestreuen. Zanderfilets mit der krossen Haut nach oben darauf anrichten. Sauce wieder erhitzen und 1–2 Esslöffel der geschlagenen Sahne daraufgeben, aber nicht verrühren. Etwas Sauce um den Fisch herum verteilen und 1 Teelöffel Sahne daraufsetzen. Dazu die Baguettescheiben servieren.

BENVENUTI A TAVOLA 85

KARAMELLISIERTE frische Feigen

ZUTATEN
{4 PERSONEN}

FEIGEN — 8 frische, rotfleischige, saftige Feigen — 10 g Butter — 2 EL Zucker — 100 ml Marsala (oder roter Portwein) — 2 EL Aceto Balsamico — 2 EL Zitronensaft (oder Orangensaft)
GARNITUR — Öl — 2 EL Mandelblättchen — 1 EL Zucker — 100 ml süße Sahne — 2 EL feste saure Sahne — 1 EL Ahornsirup

{50 MIN}

FEIGEN — Feigen am Strunk gerade abschneiden und halbieren. Butter in einer mittelgroßen Pfanne erhitzen und 1 glatt gestrichenen Esslöffel Zucker gleichmäßig hineinstreuen. Temperatur auf höchste Hitze erhöhen und Feigen mit der Schnittseite nach unten in die Pfanne legen. Restlichen Zucker darüberstreuen und Feigen so von beiden Seiten karamellisieren. Mit Marsala oder Portwein ablöschen. Einen guten Schuss Aceto Balsamico dazugeben. Die karamellisierten Feigen vorsichtig aus der Pfanne heben und auf eine Platte legen. Die Jus in der Pfanne noch 1 Minute einkochen lassen und so reduzieren. Mit Zitronen- oder Orangensaft abschmecken. Die Jus über die Feigen träufeln und bei Zimmertemperatur abkühlen lassen.

GARNITUR — Ein Stück Alufolie mit Öl bestreichen. Mandelblättchen mit Zucker in der Pfanne goldbraun rösten und karamellisieren. Auf die Alufolie geben und auskühlen lassen. Anschließend grob zerbröckeln. Sahne in eine Metallschüssel geben und auf Eis kühl halten, nun halbsteif schlagen. Dann vorsichtig saure Sahne unterheben. Die Sahnemischung nochmals aufschlagen und wieder kalt stellen.

ANRICHTEN — Pro Person 4 Feigenhälften auf Glasschälchen oder -tellerchen legen, 2 davon mit der Schnittfläche nach oben. Die Sahne dazugeben und darüber etwas Ahornsirup träufeln und mit den Mandelblättchen bestreuen. Die Feigen schmecken lauwarm oder kalt, die Sahne aber muss kalt sein.

WEINEMPFEHLUNG

Moscato d'Asti, ein perlender Franciacorte oder ein Rieslingsekt.

„Ein Prosit auf unsere wunderbare Freundschaft."

{VALERIA}

„Ein Hurra auf dieses wunderbare Essen."

{GRAZIA}

BENVENUTI A TAVOLA 87

EMMA RECCHI:
TILDA SWINTON
ANTONIO:
EDOARDO GABBRIELLINI
EDOARDO:
FLAVIO PARENTI

{ Antonio } VERFÜHRT EMMA MIT SEINEM ESSEN   VERFÜHRT ANTONIO MIT IHRER LEIDENSCHAFT { Emma } → „Ich liebe es, zu kochen, aber ich bin nicht so gut wie Sie."

„Edo sagt mir das Gegenteil. Er schwärmt immer nur für Sie."

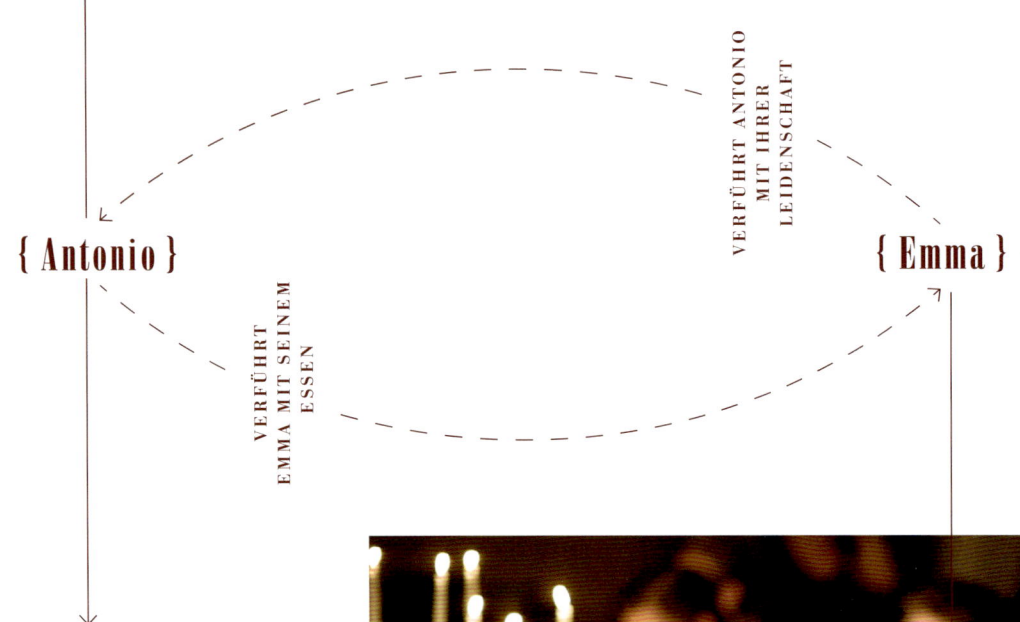

Emma lässt sich von einem Langusten-Gericht verzaubern.

ICH BIN DIE LIEBE

ICH BIN die LIEBE

Io sono l'amore

LIEBESDRAMA — ITALIEN — 2009 — 120 MIN.

REGIE UND PRODUKTION: **LUCA GUADAGNINO**

KOCH: **CHRISTIAN LOHSE**

VORSPEISE

Oliventartelette mit mariniertem Ziegenkäse

HAUPTGANG

Kabeljau San Remo

Die Russin Emma, grandios gespielt von Tilda Swinton, ist steinreich, aber unglücklich verheiratet mit einem Mann aus der Mailänder Oberschicht. Sie hat die Rolle der natürlich gut aussehenden Gattin eines Industriellen immer erfüllt: Sie ist fürsorgliche Mutter, anschmiegsame Schwiegertochter und pflegeleichte Ehefrau. Ihr goldener Käfig, eine riesige Villa, hat viele Türen; trotzdem lebt sie wie eine Gefangene in ihrem scheinbar gut funktionierenden Familienbetrieb. Konflikte werden elegant umschifft, verschwiegen oder belächelt. Schlafwandlerisch bewegt sich Emma durch die Welt jener Menschen, die alles haben und sehr damit beschäftigt sind, nichts zu verlieren. Einzig zu ihren erwachsenen Kindern und ihrer Haushälterin hat sie ein zugewandtes, offenherziges Verhältnis. Zufällig speist sie mit Freundinnen in einem Restaurant und ist überwältigt, ja verzaubert von einem Langusten-Gericht. Emma verliebt sich in das Essen. Es versöhnt sie für einen Moment mit ihrem Leben. Der junge Koch Antonio, ein Freund ihres Sohnes Edo, hat das Gericht zubereitet. Stoff, der sehnsüchtig macht und Emma dazu verführt, ihren Verführer zu verführen. Antonios Speisen entflammen in Emma Liebe und Leidenschaft. Und die Liebe beflügelt sich selbst. Essen und Erotik werden eins. Ursache und Wirkung verschwimmen. Aber Emma muss sich entscheiden: Familie oder Liebe. Liebe geht durch den Magen, sagt der Volksmund, und wer leidenschaftlich kocht, ist sexy. Mit Speisen verwöhnt er seinen Körper und ebenso den der Geliebten. Essen befördert die Liebe. Christian Lohse ist so ein kulinarischer Verführer auf Zwei-Sterne-Niveau. Als Stärkung nach dem Liebesakt zwischen Emma und Antonio auf einer Sommerwiese in den Bergen kreierte er, einfach aber raffiniert, eine Oliventartelette mit Ziegenkäse. Kabeljau San Remo ist einem Gericht nachempfunden, das die verliebte Emma in San Remo aß. Da Emma aus Russland stammt, hat Christian Lohse russische Elemente wie eine Smetana in das Menü eingefügt.

OLIVENTARTELETTE
mit mariniertem
Ziegenkäse

ZUTATEN
{4 PERSONEN}

WEINEMPFEHLUNG

Rot wie die Liebe
ist der
Dolcetto aus Alba.

TARTELETTE — 4 Blätter Filoteig (30 × 30 cm), geviertelt — 1 Eigelb
1 EL schwarze Nyons-Oliven, gehackt
1 EL getrocknete Tomatenfilets, ohne Haut und gehackt
ZIEGENKÄSE — 100 g Ziegenkäse — 1 Msp. Knoblauch, zerrieben — 1 Msp. Thymian, frisch gehackt
1 TL Olivenöl — 1 Msp. zerstoßener schwarzer Pfeffer — Meersalz
WILDKRÄUTERSALAT — 4 Portionen Wildkräuter der Saison
(z. B. Rauke, Löwenzahn, Sauerampfer, Bärlauch) — Aceto Balsamico — Olivenöl — Meersalz

{1 H}

TARTELETTE — Backofen auf 180 °C vorheizen. Teigviertel mit Eigelb bestreichen und gleichmäßig mit Oliven und Tomaten belegen. Jedes Blatt in der Mitte übereinanderfalten. Im Ofen etwa 15 Minuten goldbraun backen und lauwarm stellen.
ZIEGENKÄSE — Ziegenkäse mit Knoblauch, Thymian, Olivenöl und Pfeffer vermengen, mit Salz abschmecken.
WILDKRÄUTERSALAT — Wildkräutersalat mit Aceto Balsamico, Olivenöl und Salz abschmecken.
ANRICHTEN — Ziegenkäse in der Tellermitte als kleine Rechtecke (6 × 2 cm) anrichten. Darauf die Tartelette setzen und den Salat darüber verteilen.

WEINEMPFEHLUNG

Emma würde auch zum Kabeljau Rot trinken: Ein Barbaresco Rabaja von BRUNO ROCCA verbindet Zärtlichkeit und Kraft.

„Sinnliches Kochen, wie in Io sono l'amore, ist spirituelle Handarbeit."

—

{TILDA SWINTON}

KABELJAU San Remo

ZUTATEN
{4 PERSONEN}

SPITZKOHL — 30 g Butter — 200 g Spitzkohl, in feine Streifen geschnitten — 50 g weiße Zwiebeln, in feine Streifen geschnitten — 2 Knoblauchzehen, geschält und zerdrückt — Meersalz — 1 EL Dill, frisch gehackt

ROTE-BETE-SAFT — 50 g Rote-Bete-Saft — Salz und Ascorbinsäure (Apotheke) — etwas Speisestärke

AVOCADO-SMETANA — 100 g Avocadofruchtfleisch — 200 g Naturjoghurt — Fleur de Sel — Tabasco — Zitronensaft — Zucker — 1 EL Olivenöl

GEMÜSE — 16 Fingermöhren — 16 Mini-Navetten oder Teltower Rübchen — 1 EL Butter — Zucker — Meersalz

KABELJAU — 4 Kabeljaufilets (à 150 g), mit Haut und ohne Gräten — Meersalz — Olivenöl

GARNITUR — Dill — Koriandergrün — Hornveilchenblüten

{1 H}

SPITZKOHL — Butter in einem Topf erhitzen. Darin Kohl mit den Zwiebeln und dem Knoblauch bei mittlerer Hitze bissfest garen, er soll aber noch glasig sein. Mit Salz würzen und den Dill unterrühren.

ROTE-BETE-SAFT — Saft aufkochen, mit Salz und Ascorbinsäure abschmecken. Etwas Speisestärke mit wenig Wasser anrühren und den Saft damit leicht binden. Anschließend erkalten lassen.

AVOCADO-SMETANA — Avocadofruchtfleisch mit dem Joghurt, etwas Fleur de Sel, Tabasco, 1 Spritzer Zitronensaft, 1 Prise Zucker und Olivenöl in einem Mixer fein pürieren. Zum Schluss nochmals abschmecken.

GEMÜSE — Möhren und Rübchen putzen. In einem Topf in Butter und etwas Wasser bei niedriger Hitze bissfest dünsten. Anschließend mit Zucker und Salz würzen.

KABELJAU — Kabeljaufilets mit Salz würzen und in einer Pfanne in Olivenöl von beiden Seiten kross anbraten.

ANRICHTEN — Kohl auf Teller verteilen. Darauf pro Portion je 4 Möhren und Rübchen geben. Mit Dill, Koriandergrün sowie Hornveilchen garnieren und mit etwas Rote-Bete-Saft beträufeln. Etwas von der Avocado-Smetana daneben anrichten. Den Kabeljau an die Seite legen und servieren.

{ Henry Hill }

LEBT SEINEN TRAUM

„Solange ich denken kann, wollte ich immer ein Gangster sein. Einem Gangster gehörte die Welt."

Henry landet immer wieder im Gefängnis.

{ Jimmy Conway }

VERDIENEN SICH IHR GELD MIT DIEBSTÄHLEN UND SCHUTZGELD-ERPRESSUNG

HENRY HILL: **RAY LIOTTA**
JIMMY CONWAY: **ROBERT DE NIRO**
TOMMY DEVITO: **JOE PESCI**

Feine Restaurants, opulent gedeckte Tische: Die Mafia-Clans genießen diesen Lebensstil.

94 GOODFELLAS

GOOD FELLAS

DREI JAHRZEHNTE IN DER MAFIA

DRAMA — USA — 1990 — 146 MIN.

REGIE: **MARTIN SCORSESE**
PRODUKTION: **IRWIN WINKLER**

KOCH: **KOLJA KLEEBERG**

VORSPEISE

Auberginenpiccatas mit Mama Scorseses Tomatensauce

HAUPTGANG

Sardinen aus dem Ofen mit sizilianischer Auberginengemüse-Caponata, Tomatenmarmelade und Lorbeeröl

---

„Solange ich denken kann, wollte ich immer ein Gangster sein." Henry Hills Berufswunsch geht in Erfüllung und beschert ihm in den 1950er Jahren einen rasanten Aufstieg in der New Yorker Mafia. Das Geschäftsmodell der „Ehrenwerten Gesellschaft" ist simpel: Wenn man etwas will, dann nimmt man es sich. Hindernisse werden aus dem Weg geräumt, und wenn es mit Mutters Küchenmesser sein muss. Henry und seine Kumpel sind skrupellos und brutal genug, um jedes Ziel zu erreichen. Schutzgelderpressung, Raubmord, Banküberfall, Zigarettenschmuggel: Nach der Tat braucht der Mafioso etwas Ordentliches zu essen. Etwas rustikal Italienisches, das Leib und Seele zusammenhält. Am besten von La Mamma gekocht. In *GoodFellas* kochen aber nicht nur die Mütter. Auch die Männer stehen am Herd und sprechen ständig übers Kochen und Essen. Viele Szenen spielen in Restaurants mit opulent gedeckten Tischen. Die Mafia-Clans brauchen diesen Lebensstil, er hält ihre Familien zusammen und stiftet Identität. Wenn jeden Abend der Champagner in Strömen fließt, zeigt man, dass man es zu etwas gebracht hat. Henry landet auf seinem Weg zum Obergangster mehrmals im Gefängnis. Aber auch dort wird nicht gedarbt. „Im Gefängnis war das Abendessen immer 'ne große Sache", erzählt er uns aus dem Off. Wir sehen, was er damit meint: Koffer voller Steaks, Salami, Peperoni und Käse, dazu Scotch und Rotwein. Frischer Hummer darf nicht fehlen. Zum Schluss geht es Henry trotzdem richtig mies, und er beschreibt seine Situation so: „Einmal bestellte ich Spaghetti mit Marinara-Sauce und bekam Eiernudeln mit Ketchup." Mit Wehmut denkt Henry an die Zeiten zurück, als Mamma (gespielt von Catherine Scorsese, der Mutter des Regisseurs) für die harten Jungs mitten in der Nacht ein Menü auftischte, als sei es das Selbstverständlichste der Welt. Kolja Kleeberg serviert als Vorspeise Catherine Scorseses berühmte Tomatensauce zur Auberginenpiccata. Danach kommen die Sardinen aus dem Ofen, ein sizilianischer Klassiker, neu interpretiert mit Caponata und Tomatenmarmelade. Herzerwärmend, tröstlich. Nicht nur für harte Jungs.

Auberginen
PICCATAS MIT
Mama Scorseses Tomatensauce

WEINEMPFEHLUNG

Sie werden am Leben bleiben, wenn Sie – wie in Little Italy – ein Budweiser aus der Dose trinken.

Unsere Empfehlung allerdings ist ein Chianti, z. B. von der FATTORIA DI FÈLSINA.

„Im Gefängnis war das Abendessen immer 'ne große Sache. Erst gab's Pasta, dann Fleisch oder Fisch. Paulie hatte eine fabelhafte Methode, Knoblauch zu schneiden. Er schnitt ihn mit der Rasierklinge in so hauchdünne Scheiben, dass sie in der Pfanne schmolzen."

{HENRY HILL}

ZUTATEN
{4 PERSONEN}

AUBERGINENPICCATAS — 4 kleine Auberginen — Salz — 3 Eier — 100 g Parmesan, frisch gerieben — Olivenöl — 1 Stängel Salbei, fein geschnitten — 1 TL Zitronenschale, gerieben — rosenscharfes Paprikapulver — frisch gemahlener Pfeffer — 4 EL Mehl

TOMATENSAUCE — 1 Zwiebel, gewürfelt — Olivenöl — 800 g Tomaten, geschält — 300 g passierte Tomaten — 50 g Tomatenmark — 1 mittelgroße Kartoffel, geschält — 1 Karotte, geschält — 1 Knoblauchzehe — 3 EL Basilikum, gehackt und mehr zum Anrichten — 3 EL glatte Petersilie, gehackt — Salz — Cayennepfeffer

HACKBÄLLCHEN — 1 altbackenes Brötchen — 200 ml Milch — 500 g Hackfleisch (möglichst Rind, Kalb und Schwein zu gleichen Teilen) — 1 Ei — 100 g Parmesan, frisch gerieben — Salz — Cayennepfeffer

{1 H 10 MIN}

AUBERGINENPICCATAS — Auberginen längs in fingerdicke Scheiben schneiden, in ein Sieb geben, kräftig salzen und etwa 30 Minuten ziehen lassen. Anschließend das Salz unter fließendem Wasser abwaschen und die Scheiben trocken tupfen. Eier mit Parmesan und 1 Esslöffel Olivenöl verrühren. Salbei und Zitronenschale dazugeben. Mit Paprika und Pfeffer würzen. Öl in einer großen beschichteten Pfanne erhitzen. Auberginenscheiben leicht mit Mehl bestäuben, überschüssiges Mehl abklopfen und die Scheiben in dem Teig wenden. Anschließend bei mittlerer Hitze von jeder Seite goldbraun braten.

TOMATENSAUCE — Zwiebel in etwas Olivenöl glasig anschwitzen. Geschälte sowie die passierten Tomaten, das Mark und 100 ml Wasser unterrühren. Die Mischung pürieren. Kartoffel, Karotte und die Knoblauchzehe im Ganzen in die Sauce geben. Die Hälfte der gehackten Kräuter unterrühren. Mit Salz und Cayennepfeffer würzen. Tomatensauce bei niedriger Hitze etwa 30 Minuten köcheln lassen.

HACKBÄLLCHEN — Brötchen grob zerkleinern und in der Milch einweichen. Anschließend gut ausdrücken und mit Hackfleisch, Ei, Parmesan und den restlichen Kräutern von der Sauce vermengen. Mit Salz und Cayennepfeffer abschmecken. Aus der Masse kleine Bällchen formen. Nachdem die Sauce eine halbe Stunde gekocht hat, die Hackbällchen vorsichtig in die Sauce geben und alles eine weitere halbe Stunde leicht simmern lassen. Vor dem Servieren Kartoffel, Karotte und Knoblauchzehe entfernen.

ANRICHTEN — Tomaten-Hackbällchen-Sauce mit den Auberginenpiccatas auf einem flachen Teller anrichten und mit Basilikum garniert servieren.

SARDINEN AUS DEM OFEN
mit sizilianischem
AUBERGINENGEMÜSE
Caponata
Tomatenmarmelade und Lorbeeröl

WEINEMPFEHLUNG

Mit einem
Nero d'Avola vom Weingut
PLANETA
spüren Sie die heißen
Nächte Siziliens.

ZUTATEN
{ 4 PERSONEN }

LORBEERÖL — 1 frischer Lorbeerzweig — 500 ml Olivenöl
TOMATENMARMELADE — 4 Portionen dick eingekochte Tomatensauce (siehe vorheriges Rezept)
1 EL Orangeat — 1 EL Zitronat
CAPONATA — 2 kleine Zwiebeln — 3 Tomaten — 3 Stangen Staudensellerie — 1 Aubergine — Olivenöl
2 EL Sultaninen, in Apfelsaft eingeweicht — 1 EL Pinienkerne, geröstet
1 EL Kapern — 10 grüne Oliven, ohne Kern
SARDINEN — 500 g frische Sardinen — 1 Bund glatte Petersilie — 1 Bund Minze
2 Knollen junger Knoblauch — 4 Zitronen — Salz — frisch gemahlener schwarzer Pfeffer
Olivenöl — 100 g Mandeln, gehobelt — 2 EL Semmelbrösel
BROTSTICKS — 4 Scheiben Weißbrot aus Sauerteig — Olivenöl — frisch gemahlener schwarzer Pfeffer

{ 2 H + KOCHEN & BACKEN }

LORBEERÖL — Lorbeerblätter in eine Glaskanne oder ein ähnliches Gefäß geben. Mit Olivenöl auffüllen und bei 40 °C mindestens 1 Stunde ziehen lassen.
TOMATENMARMELADE — Tomatensauce mit Orangeat und Zitronat 30 Minuten köcheln lassen.
CAPONATA — Zwiebeln schälen und in Achtel schneiden. Tomaten blanchieren, häuten und das Fruchtfleisch in feine Würfel schneiden. Staudensellerie und Aubergine in daumengroße Stäbchen schneiden. Zwiebeln in etwas Olivenöl anschwitzen, Tomaten dazugeben und zerfallen lassen. Sellerie und Auberginen mitgaren. Die abgetropften Sultaninen, Pinienkerne, Kapern und Oliven zum Schluss unterheben.
SARDINEN — Sardinen schuppen und an der Bauchseite aufschneiden. Ausnehmen und die Mittelgräte herausziehen. Den Kopf und die Rückenflosse abschneiden. Filets waschen und abtrocknen. Backofen auf 180 °C (Ober- und Unterhitze) vorheizen. Petersilie und Minze waschen, trocken schütteln und fein schneiden. Knoblauch schälen und fein würfeln. Zitronen schälen und die Schale in feine Streifen schneiden. 1 Zitrone auspressen. Petersilie, Minze und Knoblauch mit Salz, Pfeffer, wenig Zitronensaft und etwas Olivenöl in einer Auflaufform verteilen. Sardinenfilets salzen und mit der Hautseite nach unten auf die Kräuter legen. Mit den Mandeln und den Semmelbröseln bestreuen. Zitronenzesten darüberstreuen, mit Olivenöl beträufeln und alles im Ofen je nach Dicke der Sardinenfilets etwa 10 Minuten garen.
BROTSTICKS — Weißbrot in Stäbchen schneiden, in Olivenöl braun rösten und mit Pfeffer würzen.
ANRICHTEN — Sardinenfilets mit der Caponata, den Brotsticks und der Tomatenmarmelade auf Tellern anrichten. Das Lorbeeröl zum Dippen in kleinen Schälchen dazu reichen.

HARMONIE MIT STÄBCHEN

Asien

EINFÜHRUNG
IN FILME
UND GERICHTE

ASIENS KÜCHE IM FILM

„In der asiatischen Gesellschaft dreht sich alles um Harmonie", sagt Ang Lee, der taiwanesische Meisterregisseur, und fügt hinzu: „selbstverständlich nur an der Oberfläche, denn darunter brodelt es." Es brodelt auch ganz konkret in den Töpfen des Meisterkochs Chu in Ang Lees *Eat Drink Man Woman*, der auf eine Lösung des Konflikts mit seinen erwachsenen Töchtern hofft. „Jeder leidet ganz geduldig, bis er es nicht mehr aushält", beschreibt Ang Lee die Mentalität seiner Landsleute, „dann kommt es zur Explosion. Danach versucht jeder, ein neues Gleichgewicht zu finden."

Kochen und Genießen sind in der chinesischen Tradition bewährte Künste, um Harmonie mit sich und dem Kosmos zu erreichen. Fünf kosmische Elemente werden mit fünf Geschmacksrichtungen verbunden und nach dem Yin-Yang-Prinzip die Gegensätze vereint.

Auch in *Tampopo*, dem japanischen Klassiker des kulinarischen Kinos von Jûzô Itami, dampfen die Brühen und prallen Gegensätze aufeinander. Die Köchin Tampopo kann keine Nudelsuppe kochen. Doch zwei Samurais des guten Geschmacks in Gestalt von Western-Helden eilen ihr zu Hilfe. Die Essenz in der Schale wird zum Symbol des Lebens, gewürzt mit köstlichem Humor.

Edward Espe Brown, der buddhistische Koch in Doris Dörries *How to Cook Your Life*, bringt sogar Radieschen zum Lächeln, wie der Titel seines Kochbuchs verheißt. Kochen wird zum Lebensweg, der natürlich nicht nur harmonisch, sondern auch komisch ist, ein Thema, das sich in vielen Doris-Dörrie-Filmen findet.

Seit Jahrhunderten kreieren Winzer im Bordeaux Weine, die ausgewogen und dazu noch langlebig, berühmt und teuer sind. Diese Eigenschaften machen Bordeaux-Weine für die reiche Oberschicht Chinas besonders attraktiv. Der australische Film *Red Obsession* dokumentiert die oft obsessiven Begegnungen zwischen östlicher und westlicher Tradition.

Vier Filme aus vier Jahrzehnten, die sich darum drehen, was Asien – aber auch uns – bewegt: Essen, Familie und Harmonie. Und nach dem Film machen Sie es doch wie Ang Lee, dessen Frau sagt: „Kaum kommt er nach Hause, verschwindet er in der Küche."

TAMPOPO {KOCH: MICHAEL HOFFMANN} SEITE **102**

EAT DRINK MAN WOMAN {KOCH: TIM RAUE} SEITE **106**

HOW TO COOK YOUR LIFE {KOCH: EDWARD ESPE BROWN} SEITE **112**

RED OBSESSION {KOCH: KOLJA KLEEBERG} SEITE **118**

GORO:
TSUTOMU YAMAZAKI
GUN:
KEN WATANABE
TAMPOPO:
NOBUKO MIYAMOTO

„Du musst das Schweinefleisch anblicken und um Verzeihung bitten. Du flüsterst ihm zu: bis bald."

→ { Meister des Ramen-Essens }

BENUTZEN GERNE NAHRUNGSMITTEL BEIM LIEBESSPIEL

{ Weißbeanzugter Yakuza }   { Geliebte }

helfen Tampopo, die perfekte Nudelsuppe zu kreieren.

↑

{ Goro } & { Gun }
TRUCKER, DIE EINE PAUSE IN TAMPOPOS RESTAURANT MACHEN

TAMPOPO

HAUPTGANG

Eine magische Essenz

KOMÖDIE — JAPAN — 1985 — 114 MIN.

REGIE: **JÛZÔ ITAMI**
PRODUKTION: **SEIGO HOSOGOE — JÛZÔ ITAMI YASUSHI TAMAOKI**

KOCH: **MICHAEL HOFFMANN**

Dieser „sehr lustige Film", so der US-amerikanische Filmkritiker Roger Ebert, ist aufgebaut wie ein großes Menü mit vielen abwechslungsreichen Gängen: Er bedient sich hemmungslos bei unterschiedlichen Filmgenres wie Spaghetti-Western, Slapstick, Gangster- oder Erotikfilm. Zwei rote Fäden ziehen sich durch den Film. Der eine ist die kulinarisch-erotische Geschichte eines Edel-Mafioso und seiner sinnlichen Geliebten. Berühmt ist die Szene, in der beim Kuss ein rohes Eigelb von einem Mund zum andern wandert. Und die andere Story beginnt so: Nacht. Starker Regen. Zwei japanische Asphalt-Cowboys in einem LKW. Gun liest Goro, dem Fahrer, aus einem Buch vor, in dem es um das angemessene Verhalten beim Verspeisen einer Nudelsuppe geht. Das macht Goro einen derartigen Appetit, dass er sofort eine Suppe braucht. Sie landen bei Tampopo, einer dilettantischen Köchin in einer Vorstadt-Spelunke voller Halunken. Tampopo und Goro freunden sich an und schmieden den Plan, die letztgültig perfekte Nudelsuppe zu kreieren. Denn Tampopo ist Witwe und muss für sich und ihren Sohn mit ihrer Suppenküche Geld verdienen. Aber welches Geheimnis steckt in einer guten Suppe? Was ist da drin außer Brühe, Fleisch und Nudeln? Trucker Goro, ein paar Freunde, seltsame Experten und glückliche Zufälle helfen Tampopo, das Rätsel der guten Suppe zu erforschen, zu verstehen und sie kochen zu lernen. Am Ende wird eine knallharte und unbestechliche Jury entscheiden, ob Tampopo ihr Ziel erreicht hat. Der Film ist aber wie eine gute Mahlzeit mehr als die Summe seiner Teile. Er berührt mit seinen vielen Nebengeschichten und Assoziationen das gesamte Universum des Essens und Kochens. Er erzählt von Liebesmitteln, Ernährungssünden, Völlerei, Benimmregeln oder Machtritualen, wenn man mit Chefs fein essen gehen muss. Sternekoch Michael Hoffmann bekam unbändigen Appetit auf eine Nudelsuppe und kreierte eine magische Essenz, die verführerisch duftet, sättigt und uns mit dem Universum versöhnt. In Anlehnung an die berühmte Kussszene ist auch ein rohes Ei dabei. Schlürfen Sie gut.

EINE MAGISCHE Essenz

WEINEMPFEHLUNG

Was wäre der perfekte Wein zur japanischen Nudelsuppe? Möglicherweise Sake.

Unsere Empfehlung ist ein reifer Riesling Kabinett der 1. Lage Marienburg vom Weingut **CLEMENS BUSCH** an der Mosel. Dafür lassen so manche Japaner den Sake stehen.

ZUTATEN
{8 PERSONEN}

ESSENZ — 2 Hühnerkarkassen — 1 Kalbshachse — 2 Stangen Lauch — 1 ganzer Knollensellerie
4 Zwiebeln, geschält und halbiert — 4 Zwiebeln, mit Schale, halbiert und Schnittfläche gebräunt
Meersalz — 100 g Ingwer mit Schale, klein geschnitten
EINLAGE — 100 g Ingwer, geschält — 40 g Koriander, gezupft — 1 EL Sesam, geröstet
1 TL Sesamöl, geröstet — 3 EL Sojasauce (Tamari) — Palmöl — 4 Stangen feiner Zwiebellauch
1 Pak Choi — 160 g Udon-Nudeln (3 mm) — 8 Eigelb

{1 H 30 MIN + KOCHEN & KÜHLEN}

ESSENZ — Hühnerkarkassen und Kalbshachse in kochendem Wasser blanchieren. Anschließend in einen Topf geben und mit soviel kaltem Wasser aufgießen, bis das Gargut etwa 5 cm damit bedeckt ist. Alles langsam zum Kochen bringen. Wenn das Wasser kocht, die Hitze reduzieren und etwa 90 Minuten bei niedriger Hitze köcheln lassen. Lauch sowie Knollensellerie grob zerkleinern und mit den vorbereiteten Zwiebeln in die Brühe geben. Anschließend leicht salzen. Von der Brühe zwischenzeitlich immer wieder Schaum und Fett entfernen und weitere 90 Minuten ziehen lassen, bis die Kalbshachse weich ist und das Fleisch sich leicht vom Knochen lösen lässt. Etwa 30 Minuten vor dem Garpunkt den Ingwer dazugeben. Wichtig ist, dass die Brühe nicht zu stark kocht, da sie sonst trüb wird. Wenn die Kalbshachse weich ist, die Brühe vom Herd nehmen und das immer wieder aufsteigende Fett abschöpfen. Anschließend vorsichtig durch ein feines Sieb gießen und beiseitestellen. Kalbshachse auslösen. Fleisch zu einer Rolle formen, in Klarsichtfolie wickeln und kühl stellen, so lässt es sich später besser schneiden. Ist das Fleisch kalt, 16 Scheiben mit einem Durchmesser von 5 cm und etwa 0,5 cm Dicke schneiden.

EINLAGE — Ingwer in sehr feine Würfel schneiden. Koriander fein hacken. Alles in einem Steinmörser mit geröstetem Sesam und Sesamöl zermahlen, zuletzt Sojasauce dazugeben. Paste dünn auf eine Seite der Fleischscheiben streichen. Scheiben in einer Pfanne in etwas Palmöl von der nicht bestrichenen Seite anbraten. Scheiben herausnehmen und beiseitestellen. Restliche Paste auf Suppenschüsseln verteilen, auch wenn es nur noch wenig ist. Zwiebellauch der Länge nach vierteln oder je nach Dicke achteln. Vom Pak Choi die einzelnen Blätter mit Strunk abtrennen und der Länge nach vierteln. Udon-Nudeln in Wasser gar kochen und in ein Sieb abgießen.

ANRICHTEN — Udon-Nudeln mit Zwiebellauch und Pak Choi in einer Schüssel mischen. Darüber etwas heiße Essenz gießen. Die Mischung anschließend auf Suppenbowls verteilen. Die Essenz aufkochen und sofort über die Einlage in den Suppenbowls gießen. Darauf je 2 Fleischscheiben legen und ein rohes Eigelb dazugeben.

JIA-NINGS MANN

{ Mrs. Liang }
NACHBARIN

{ Jing-Rong }   { Shan-Shan }
          MUTTER

GELIEBTE

{ Meister Chu }
ist ein verwitweter
Meisterkoch,
dessen drei Töchter
sich langsam
vom Vater loslösen.

„Essen, Trinken,
Mann, Frau.
Menschliche
Grundbedürfnisse.
Man kann sie
nicht vermeiden.
Es nervt mich.
Ist das alles im
Leben?"

{ Jia-Ning }   { Jia-Chien }   { Zhou Mingdao }

{ Jia-Jen }
SCHWESTER
VON JIA-CHIEN

{ Jia-Chien }
hat die Kochbegabung
ihres
Vaters geerbt.

CHU: **SIHUNG LUNG**
JIA-NING: **YU-WEN WANG**
JIA-CHIEN: **CHIEN-LIEN WU**
JIA-JEN: **KUEI-MEI YANG**

EAT DRINK MAN WOMAN

ROMANTISCHE KOMÖDIE — USA — 1994 — 123 MIN.

REGIE: **ANG LEE**
PRODUKTION: **HSU LI-KONG**

KOCH: **TIM RAUE**

VORSPEISE

Hummer
Dim Sum

HAUPTGANG

Gedämpfter Kabeljau, Sojasud, Pak Choi mit Zitronenschale

In diesem Film geht es um die wichtigsten Dinge im Leben: Essen, Trinken, Sex. Der verwitwete Meister Chu, ein weltberühmter Koch, lebt mit seinen drei erwachsenen Töchtern in einem großen alten Haus, fernab von der lärmenden Hauptstadt Taiwans. Symbol der Stille ist ein Karpfen, der bewegungslos im Wasser eines Tonkruges steht. Chu schnappt ihn blitzschnell, rammt ihm zwei Stäbchen ins Maul, schuppt ihn, nimmt ihn aus, filetiert und mehliert ihn, brät ihn. In der Küche dampft, raucht, brodelt und köchelt es in vielen Töpfen. Am Ende des Tages stehen zwölf aufwendige Gerichte auf dem Tisch. Bei so viel Kochkunst erwartet man einen Haufen hungriger, fröhlicher Gäste und staunt, als abends nur Zhus drei Töchter am reich gedeckten Tisch sitzen und lustlos in ihrem Essen stochern, das sonntägliche Mahl ist in freudloser Routine erstarrt. Am Ende werden die Reste der Nachbarin geschenkt. Die drei sehr verschiedenen Töchter sind dabei, sich vom Vater zu lösen und eine Liebe fürs Leben zu finden. Der Überdruss beruht auf Gegenseitigkeit. „Sie sollen verschwinden, dann habe ich meine Ruhe", vertraut Chu einem Freund an. Doch das ist nur die halbe Wahrheit, Chu möchte die Zeit lieber mit seiner heimlichen Geliebten und deren Tochter verbringen. Zu seinem Glück kann die neue Frau an seiner Seite nicht kochen, und er hat wieder einen neuen Anlass, jemanden zu verwöhnen. Die Töchter ziehen nacheinander aus. Nur die mittlere kehrt in das leere Elternhaus zurück. Von Meister Chu hat sie ihr Kochtalent geerbt, ohne dass er etwas davon ahnte. Für *Eat Drink Man Woman* wurden über 100 Rezepte aus ganz China ausgewählt, die von drei Weltklasseköchen und vielen Spezialisten zubereitet wurden. Er gehört zu den aufwendigsten Filmen, in denen Essen die Hauptrolle spielt. Für großes kulinarisches Kino ist auch der Berliner Zwei-Sterne-Koch Tim Raue berühmt. Ihn fasziniert die Leichtigkeit Asiens, und die bringt er uns näher mit leichtem Hummer Dim Sum und gedämpftem Kabeljau mit Sojasud und Pak Choi.

Hummer
DIM SUM

ZUTATEN
{4 PERSONEN}

DRESSING — 320 ml Nuoc Mam Fischsauce (Fischsauce mit Knoblauch und Chili)
125 ml Reisessig light (von Marukan oder normalen Reisessig 2:1 mit Wasser gemischt)
100 ml Rose's Lemon Squash (oder anderen Zitronensirup) — Saft von ½ Limette — 50 g Karotten,
fein gewürfelt — 50 g Mango, fein gewürfelt — 10 g Korianderstängel, gehackt
TEIG — 240 g Mehl — 175 ml kochendes Wasser
FÜLLUNG — 1 Hummer, etwa 800–1000 g — 5 g Shichimi Togarashi (7-Gewürze-Chilipfeffer)
1 EL Zitronenöl — Saft von ½ Limette — 10 g Zitronengras, fein gehackt
10 g frischer Ingwer, fein gehackt — 5 g Chilischote, fein gehackt — 1 EL Nuoc Mam Fischsauce
Korianderkresse zum Garnieren

{1 H 30 MIN + RUHEZEIT}

DRESSING — Fischsauce, Reisessig, Lemon Squash und Limettensaft verrühren. Kurz vor dem Servieren Karotten-, Mangowürfel und Korianderstängel dazugeben.
TEIG — Mehl in eine Schüssel geben und in der Mitte eine Mulde formen. Das kochende Wasser langsam dazugeben und mit Essstäbchen verrühren. Kurz warten und die Mischung rasch zu einem festen homogenen Teig kneten. Diesen 20 Minuten abgedeckt ruhen lassen. Den Teig mit sehr wenig Mehl dünn ausrollen oder in einer Nudelmaschine auf dünnster Stufe ausrollen. Kreise von 10 cm Durchmesser ausstechen und kühl stellen.
FÜLLUNG — Hummer in kochendem Wasser 5 Minuten blanchieren. Danach herausnehmen und die Scheren weitere 3 Minuten nachgaren. Fleisch aus Scheren und Schwanz ausbrechen und in etwa 1 cm große Würfel schneiden. Hummerfleisch mit den anderen Zutaten vermengen. Jeweils 1 Esslöffel Hummerfleisch auf die vorbereiteten Teigkreise geben. Diese zu Halbmonden umklappen und die Ränder fest andrücken. Die Dim Sum senkrecht, mit der breiten Seite nach unten in ein Bambuskörbchen setzen und etwa 5 Minuten über kochendem Wasser dämpfen.
ANRICHTEN — Das Dressing mit Karotten und Mango auf Teller geben. Die gedämpften Dim Sum auf dem Dressing anrichten und mit Korianderkresse garnieren.

WEINEMPFEHLUNG

Tim Raue liebt zum asiatischen Essen die leicht süßen Rieslinge von der Mosel, besonders die vom Weingut **JOH. JOS. PRÜM**. Hier würde ein Graacher Himmelreich Kabinett vortrefflich passen.

GEDÄMPFTER Kabeljau
Sojasud
Pak Choi mit Zitronenschale

WEINEMPFEHLUNG

Bleiben wir im Weingut und ziehen einen Wingert weiter: Wehlener Sonnenuhr, Kabinett 2009.

ZUTATEN
{4 PERSONEN}

KABELJAU — 4 Kabeljaufilets (à 140 g)
SOJASUD — 400 ml Entenbrühe — 200 ml Rose's Lemon Squash
(oder anderen Zitronensirup) — 6 EL Sojasauce
PAK CHOI UND ZITRONENSCHALE — 1 Bio-Zitrone — 500 ml Läuterzucker
(Zucker und Wasser im Verhältnis 1:1 etwa 5 Minuten gekocht)
20 Shanghai Pak Choi

{45 MIN}

KABELJAU — Kabeljaufilets auf Backpapier legen und im Bambusdämpfer 15 Minuten garen.
SOJASUD — Brühe, Lemon Squash sowie Sojasauce verrühren und erwärmen.
PAK CHOI UND ZITRONENSCHALE — Schale von der Zitrone abschälen und in feine Streifen schneiden. Streifen in kochendem Wasser blanchieren. Danach im Läuterzucker aufkochen. Beiseitestellen, auskühlen lassen und durch ein Sieb passieren. Schalen kalt stellen. Den Pak Choi blanchieren.
ANRICHTEN — Je 1 Kabeljaufilet in der Mitte eines tiefen Tellers anrichten. Darüber den Pak Choi legen und mit den Zitronenschalenstreifen belegen. Sojasud fingerhoch angießen.

„Ich möchte Eierreis."

{MITSCHÜLER VON SHAN-SHAN}

„Das ist zu einfach. Onkel Chu kann nur komplizierte Sachen kochen."

{SHAN-SHAN}

HARMONIE MIT STÄBCHEN 111

Edward Espe Brown nimmt den Zuschauer mit auf eine Reise zu verschiedenen Zen-Kochkursen.

„Wenn der Koch Freude am Leben hat, dann können sich alle entspannen. Wenn der Koch nervös ist, werden alle nervös."

„Bloß nicht perfekt werden. Man hat Beulen und Patina als Mensch wie ein alter Wasserkessel."
EDWARD ESPE BROWN

{ Doris Dörrie } —FILMTE BROWN BEI SEINEN KURSEN→ { Edward Espe Brown } —VERBINDET BUDDHA MIT KOCHEN→

FAKT:
Wer sich über gesunde Ernährung und die Herkunft von Lebensmitteln Gedanken macht, kocht anders.

112 HOW TO COOK YOUR LIFE

HOW TO cook YOUR LIFE

DOKUMENTARFILM — DEUTSCHLAND — 2007 — 100 MIN.

REGIE: **DORIS DÖRRIE**
PRODUKTION: **MEGAHERZ**
MIT: **EDWARD ESPE BROWN**

KOCH: **EDWARD ESPE BROWN**

VORSPEISE

Fünf-Elemente-Salat

HAUPTGANG

Couscous und Kichererbseneintopf mit Spinat und Safran

Wie man sein Leben kocht? Was soll das heißen? Man kocht Gemüse, Nudeln oder Fisch – aber das Leben? Wir sind zu Gast bei Zen-Priester und Koch Edward Espe Brown. Er verwebt weise und verschmitzt, wütend und ungeduldig philosophische Gedanken und die Praxis des Kochens. Dabei entsteht ein solcher Filmtitel. Doris Dörrie begleitet Espe Brown zu verschiedenen Kochkursen in buddhistischen Zentren in Österreich und zum legendären *Greens Restaurant* in San Francisco, das er mitgegründet hat. Dort gibt es ungewöhnliche Kochkurse, bei denen man lernen kann, was Glück bedeutet und welche Erwartungen man an das Leben hat. Aber wie lernt man buddhistisch backen und kochen? In dem man es macht und richtig macht und „nicht irgendwelchen Maschinen" überlässt. Zuerst wird ein gutes Messer angeschafft, mit dem sich alles schneiden lässt. Dann wird geübt. Aber Vorsicht, dass keine Fingerkuppe herausschaut, denn das Messer schneidet alles, was ihm vor die Klinge kommt. Das ist des Messers Wesen, seine Aufgabe, warnt uns Meister Brown.

Mehrmals taucht die Frage auf, warum wir uns ausgerechnet das Kochen von anderen abnehmen lassen und sehr viel Geld ausgeben, um es nicht zu tun. Woher kommt der Spaß am Essen, die Freude am Teilen? Jedenfalls nicht aus der Packung eines Fertiggerichts, weiß Espe Brown. Wer sich über gute Ernährung Gedanken macht, achtsam mit Lebensmitteln umgeht, der kocht sein Leben anders. Es geht Espe Brown „um ein ehrliches Bemühen beim Kochen. Dabei kann man auch Fehler machen, weil man nie wie jemand anders kocht und niemand perfekt ist." Aus Edward Espe Browns Kochbuch „Das Lächeln der Radieschen" stammen die beiden Rezepte zum Film. Lecker vegetarisch: Der Fünf-Elemente-Salat folgt der chinesischen Tradition einer ungeraden Zahl von Zutaten und deren Ausgewogenheit. Couscous, Kichererbsen-Eintopf mit Spinat und Safran ist eine Einladung zum Kochen, auch wenn man wenig Zeit hat, „und es nicht Maschinen überlassen möchte." Zen findet auch in der Küche statt. Haben Sie Freude am Kochen!

FÜNF-ELEMENTE
Salat

WEINEMPFEHLUNG

Als kalifornischer Zen-Meister kennt Meister Brown die Weißweine seiner Heimat.

Zu seiner Philosophie passt ein biodynamischer Wein – und da sind die Europäer stark, wie das österreichische Weingut **BERNHARD OTT** aus Wagram in der Wachau.

Der Grüne Veltliner harmoniert mit den kräftigen Gewürzen der Vinaigrette.

ZUTATEN
{4–6 PERSONEN}

VINAIGRETTE — 1 TL Fenchelsamen — 1 TL Koriandersamen — ½ TL Kardamomsamen
4 EL Olivenöl — 3 EL Aceto Balsamico — 1 Knoblauchzehe, gehackt
½ TL Salz — ¼ TL gemahlener schwarzer Pfeffer
SALAT — 1 mittelgroßer Romanasalat — 50 g Mandeln — 1 Apfel — Saft von 1 Orange
3 EL grüne Oliven, ohne Kerne — 8 EL Parmesan, gerieben
1 EL Estragon, frisch gehackt oder 2 EL glatte Petersilie, gehackt

{40 MIN}

VINAIGRETTE — Fenchel-, Koriander- und Kardamomsamen fein mörsern. Gewürze mit Olivenöl, Aceto Balsamico, Knoblauch, Salz und Pfeffer verrühren.
SALAT — Salat waschen und trocken schleudern. Die größeren Blätter längs halbieren und dann quer in gut 2 cm breite Stücke schneiden. Mandeln bei 175 °C im Ofen oder in einer trockenen Pfanne auf dem Herd 8 Minuten anrösten, bis sie knusprig sind und duften. In Scheiben schneiden oder hacken. Apfel waschen, vierteln, das Kerngehäuse entfernen und die Viertel in dünne Scheiben schneiden. Mit dem Orangensaft begießen. Die Zutaten erst kurz vor dem Servieren vermengen.
ANRICHTEN — Apfelscheiben mit dem Romanasalat mischen und die Vinaigrette darüberträufeln. Oliven, dann Mandeln, Parmesan und schließlich die gehackten Kräuter darüber verteilen. Nach Belieben mit Salz abschmecken.

WEINEMPFEHLUNG

Die Rieslinge von **PETER JAKOB KÜHN** im Rheingau sind Demeter-zertifizierte, würzige und elegante Weine, wie beispielsweise der Hallgarten Hendelberg trocken, der auch mit dem Safran harmonieren wird.

„Es ist den Zwiebeln egal, ob die Butter in der Pfanne heiß ist oder noch kalt."

{ EDWARD ESPE BROWN }

Couscous und Kichererbsen EINTOPF
mit Spinat und Safran

ZUTATEN
{ 4-6 PERSONEN }

KICHERERBSENEINTOPF — 200 g Kichererbsen — 1 Zwiebel, gewürfelt — 1 TL Olivenöl — 3 Knoblauchzehen, gehackt — 20 Safranfäden — Salz — frisch gemahlener Pfeffer — 450 g Spinat
COUSCOUS — 1 Prise Salz — 250 g mittelfeiner Couscous

{ 1 H }

KICHERERBSENEINTOPF — Die Kichererbsen abwaschen und in 1,5 l Wasser über Nacht einweichen, mindestens aber 4–5 Stunden. Die Kichererbsen im Einweichwasser zum Kochen bringen und etwa 1 Stunde lang leicht sprudelnd kochen, bis sie weich sind. Dabei den Deckel einen Spalt offen lassen. Regelmäßig kontrollieren, ob die Kichererbsen noch mit genug Wasser bedeckt sind. Zwiebel in einem großen Topf in Olivenöl glasig anschwitzen. Knoblauch hinzufügen und 1–2 Minuten mitdünsten. Die gekochten Kichererbsen dazugeben und etwas Kochwasser angießen. Mit den Safranfäden sowie etwas Salz und Pfeffer würzen. Alles etwa weitere 15 Minuten köcheln lassen. Vom Spinat die dicken Stiele entfernen, die Blätter waschen und quer in etwa 2 cm breite Stücke schneiden. Spinat zu den Kichererbsen und Zwiebeln geben und zugedeckt 1–2 Minuten dünsten, bis er zusammenfällt. Mit Salz und Pfeffer abschmecken.
COUSCOUS — In einem Topf mit dicht schließendem Deckel 250 ml Wasser zum Kochen bringen. Salz hinzufügen, Couscous einrühren, den Deckel auflegen und vom Herd nehmen. Couscous 5 Minuten quellen lassen, dann mit einer Gabel auflockern oder zwischen den Händen fein zerkrümeln. Ruhen lassen, bis er serviert wird.
ANRICHTEN — Couscous in tiefe Teller füllen und den Kichererbseneintopf darauf verteilen.

{ Peter Tseng }
PRODUZENT VON
SEX-TOYS

„Als ich jünger war, mochte ich Sex, jetzt im Alter ziehe ich Wein vor."

{ Napoleon Bonaparte }

„Wenn der Drachen erwacht, wird er die Welt erschüttern."
19. JAHRHUNDERT

FAKT:
China ist der weltweit größte Importeur von Bordeaux-Weinen.

Der fröhliche Weinberg. Jetzt auch in China.

21. JAHRHUNDERT

In China wird ungefähr so viel Wein erzeugt, wie in Deutschland. In China Tendenz steigend, in Deutschland sinkend.

118 RED OBSESSION

RED OBSESSION

DOKUMENTARFILM — AUSTRALIEN — 2013 — 75 MIN.

REGIE: **WARWICK ROSS — DAVID ROACH**
PRODUKTION: **LION ROCK FILMS**

KOCH: **KOLJA KLEEBERG**

VORSPEISE

Tofu '82 mit Petoncle, Gurken und schwarzem Pfeffer

HAUPTGANG

Lo Bak Go mit Heilbutt, Cabernet-Choy Sum und brauner Butter

Die Kamera fliegt über die Atlantikküste, Pinienwälder rücken näher, massige Pferde stapfen durch Weingärten mit knorrigen Reben, wir sind im Bordelais. Hier wachsen seit Jahrhunderten Weine mit sagenhaftem Ruf, und viele davon sind erschreckend teuer. Wie viel eine Flasche Wert ist, liegt natürlich im persönlichen Ermessen des Konsumenten. „Ich bin ein Trinker. Wir hatten ein paar Magnums zum Lunch", sagt mit heiterer Miene Christian Moueix. Er hat genügend Flaschen im Keller. Ihm gehören das legendäre Château Pétrus und noch einige große Weingüter mehr. Der Film steigt mit uns hinab in die Weinkeller von renommierten Châteaux wie Haut-Brion, Latour, Margaux oder Yquem und weckt die Sehnsucht nach einem richtig guten Bordeaux. So geht es auch jenen Chinesen, die seit wenigen Jahren durch das Bordelais streifen und denen kein Preis zu hoch ist, wenn der Wein nur berühmt ist. Seit 2010 ist China der weltweit größte Importeur von Bordeaux-Weinen. Weine oberhalb eines Flaschenpreises von 1000 US-Dollar werden fast alle nach China verkauft. Und nachdem chinesische Händler die Flaschen gekauft haben, wollen sie auch die Châteaux dazu. *Red Obsession* zeigt alle Facetten der Sucht nach dem flüssigen roten Gold. Die Renditen auf dem Weinmarkt übertreffen alle anderen Märkte wie den Dow Jones oder Gold. Ein derartiger Boom ruft natürlich Finanzspekulanten auf den Plan. Palettenweise handeln sie mit Weinen wie Château Pétrus. Der wird nicht getrunken, sondern verschwindet in Safes. Wir aber bleiben nicht auf dem Trockenen sitzen, wenn Sternekoch Kolja Kleeberg für sein französisch-chinesisches Freundschaftsmenü, Heilbutt mit Rettichkuchen und Rotwein-Choy Sum empfiehlt. Denn sollte ein angemessener Bordeaux im Banksafe liegen oder ausgetrunken sein, gibt es noch andere Rotweine, die vorzüglich dazu passen.

TOFU '82 MIT Petoncle Gurken und schwarzem Pfeffer

WEINEMPFEHLUNG

Die Ursprung genannte Cuvée von **MARKUS SCHNEIDER** aus der Pfalz akzentuiert die Aromenvielfalt von Kolja Kleebergs Gericht auf angenehme Weise.

ZUTATEN
{4 PERSONEN}

GURKEN — 100 g Salatgurke, entkernt und geschält — 1½ EL weißer Zucker
2 EL brauner Zucker — 40 ml Aceto Balsamico — 20 ml Gemüsefond — 2 TL Salz
¼ Chilischote, ohne Kerne — ¼ TL Ingwer, gerieben
TOFU — 250 g gepresster Tofu — Pflanzenöl zum Frittieren — 120 ml dunkler Reisessig
50 ml Sojasauce — 30 ml Chili-Bohnen-Sauce — 25 g Ketjap Medja Nr. 1 (süße Sojasauce)
100 ml Gemüsefond — 3,5 g Szechuanpfeffer, geröstet und gemahlen — 2 EL Ingwer, gerieben
3 g Salz — 15 g Speisestärke — 250 ml Rotwein
PETONCLE — 12 Petoncle (kleine Kammmuscheln oder 4 Jakobsmuscheln)
Pflanzenöl — 1 EL Butter — 1 Zweig Minze, gehackt — 1 Stängel Koriander, gehackt — Limettensaft
Salz — frisch gemahlener Pfeffer — schwarze Pfefferkörner zum Garnieren

{1 H + MARINIEREN}

GURKEN — Gurke in fingerlange Stifte schneiden. Zucker, Aceto Balsamico, Fond und Gewürze aufkochen, durch ein feines Sieb abgießen und abkühlen lassen. Gurkenstifte über Nacht im Sud marinieren.
TOFU — Tofu in Würfel von etwa 2 cm Kantenlänge schneiden. Dann zweimal kurz in heißem Öl frittieren, anschließend abtropfen lassen. In der Zwischenzeit Reisessig, Saucen, Gemüsefond, Szechuanpfeffer, Ingwer und Salz aufkochen. Die Stärke im Rotwein auflösen, in die Mischung einrühren und zu einer sämigen Sauce abbinden. Tofuwürfel in der Sauce erwärmen.
PETONCLE — Petoncle kurz in etwas Pflanzenöl anbraten. Butter, Minze und Koriander dazugeben. Zum Schluss mit etwas Limettensaft, Salz und Pfeffer würzen.
ANRICHTEN — Rotweinsauce auf 4 tiefe Teller verteilen. Tofuwürfel dazugeben und die Muscheln darauf anrichten. Die marinierten Gurkenstifte an der Seite anrichten. Schwarze Pfefferkörner in einer Pfanne rösten, grob zerstoßen und über dem Gericht verteilen. Dann servieren.

LO BAK GO MIT
Heilbutt
Cabernet-Choy Sum
und brauner Butter

WEINEMPFEHLUNG

Bordeaux liegt nahe, aber **MARKUS SCHNEIDERS** zum Klassiker gewordene Cuvée Black Print oder seine Bordeaux Assemblage Tohuwabohu aus der Pfalz passen super.

„Wenn ich Hunger habe, gehe ich chinesisch essen."

{KOLJA KLEEBERG}

ZUTATEN
{4 PERSONEN}

LO BAK GO (RETTICHKUCHEN) — 10 g Mu-Err-Pilze, getrocknet — 10 g Shrimps, getrocknet — 400 g Rettich — 450 ml Gemüsefond — 160 g Reismehl — 1 EL Sojasauce — 2 EL Austernsauce — ½ TL Salz — 1 TL Zucker — Pflanzenöl
CABERNET-CHOY SUM — etwa 200 g Choy Sum (chinesischer Kohl, alternativ Pak Choi) — Pflanzenöl — 1 EL Ingwer, frisch gerieben — 1 Chilischote, entkernt und fein gehackt — 3 Knoblauchzehen, fein gehackt — 50 ml Austernsauce — 85 ml Cabernet (Rotwein)
HEILBUTT — 4 Heilbuttfilets (à 150 g) — Salz — frisch gemahlener Pfeffer — Pflanzenöl — 3 EL Butter — 3 EL geröstete Haselnüsse, grob zerstoßen — Saft von ½ Zitrone

{1 H 10 MIN + GAREN}

LO BAK GO — Die Mu-Err-Pilze und die Shrimps etwa 30 Minuten in 150 ml Wasser einweichen. Anschließend abseihen und fein hacken. Einweichwasser aufheben. Rettich mittelfein reiben und in dem Gemüsefond kurz weich kochen. Danach den Rettich sofort durch ein Sieb abgießen und den Gemüsefond zum Einweichwasser geben. Reismehl einrühren. Dann den abgetropften Rettich, die Pilze und die Shrimps untermengen. Mit Sojasauce, Austernsauce, Salz und Zucker würzen. Teig in eine Kastenform füllen und bei 95 °C etwa 45 Minuten dämpfen. Rettichkuchen abkühlen lassen. Dann in 4 fingerdicke Scheiben schneiden und in reichlich heißem Pflanzenöl kross ausbacken.
CABERNET-CHOY SUM — Choy Sum waschen und grob schneiden. In einer Pfanne mit etwas Öl scharf anbraten. Ingwer, Chili und Knoblauch dazugeben. Mit der Austernsauce und dem Rotwein ablöschen. Flüssigkeit etwas einkochen lassen.
HEILBUTT — Heilbutt mit Küchenpapier abtupfen, mit Salz und Pfeffer würzen. Etwas Öl in einer beschichteten Bratpfanne erhitzen und den Heilbutt von allen Seiten anbraten. Zum Schluss die Butter und die Haselnüsse dazugeben. Kurz aufschäumen lassen, mit dem Zitronensaft ablöschen und den Fisch darin kurz nachbraten, dabei immer wieder mit der Nussbutter übergießen. Der Fisch soll im Kern glasig bleiben.
ANRICHTEN — Choy Sum mit reichlich Rotweinfond auf Tellern anrichten. Je 1 Heilbuttfilet daraufsetzen und mit der Butter übergießen und die Haselnüsse darüber verteilen. Den Rettichkuchen dazu servieren.

JEDER BISSEN KANN DIE
WELT VERÄNDERN

Gedankenfutter

EINFÜHRUNG
IN FILME
UND GERICHTE

BLICKE ÜBER
DEN
TELLERRAND

„Die Tiere fressen, die Menschen essen, der gebildete Mensch allein isst mit Bewusstsein", schrieb Jean Anthelme Brillat-Savarin. Das Bewusstsein ist demnach ein Bestandteil des Essens und im Verlauf des Stoffwechsels vielleicht auch eine Folge. Der Gründer der Slow-Food-Bewegung Carlo Petrini kann, ohne sich bewusst zu sein, was er isst, nicht genießen. Genuss ohne Verstand sei „blöde", doch ein Verstandesmensch, der nicht zu genießen weiß, sei unerträglich, sagt er. Die Ideen von Slow Food haben seit drei Jahrzehnten die Welt der Ernährung verändert. Der biografische Dokumentarfilm *Slow Food Story* zeigt den Weg Petrinis vom italienischen Lokalpolitiker zur internationalen Autorität.

Der Goliath, mit dem sich Slow Food anlegt, heißt Fast Food. Was Sie nie wirklich über Fast Food wissen wollten und auch nicht wagten zu fragen – der Film *Food, Inc.* zeigt es. Bis jetzt deckt kein Film deutlicher auf, wie die Nahrungsmittelindustrie die Umwelt zerstört und dabei Skandale in Kauf nimmt. Warum soll man sich das ansehen, könnte man fragen. Ganz einfach, der Film schafft Bewusstsein und gibt Energie, sich für gutes Essen zu entscheiden.

Ernährung und Politik sind kompliziert miteinander verbunden. Wie gut, wenn es jemand mal einfach sieht, wie der naive Gärtner in *Willkommen Mr. Chance*. Er hat sein Bewusstsein nur beim Gärtnern entwickelt, und Politiker und deren Frauen hängen an seinen Lippen. Im Gegensatz zur Geschichte vom Paradies endet diese Gartengeschichte heiter.

Der baskische Starkoch Andoni Aduriz foppt in *Mugaritz B.S.O.* unsere Sinne und fordert den Verstand mit Gerichten wie „Essbare Steine" heraus. Im nächsten Schritt interpretieren Musiker sein Essen. Der Koch möchte das Essen in das Konzept des Gesamtkunstwerks einbringen – auch ein Weg, das Bewusstsein zu erweitern.

Nach so intensivem Gedankenfutter muss man kochen, damit die Theorien durch freundliches Essen und guten Wein leichter verdaulich werden. Die Rezepte reichen von Gewürztofu bis Schweineschwanz.

FOOD, INC. { KOCH: TIM RAUE } SEITE **126**
SLOW FOOD STORY { KOCH: MICHAEL HOFFMANN } SEITE **132**
MUGARITZ B.S.O. { KOCH: ANDONI ADURIZ } SEITE **140**
WILLKOMMEN MR. CHANCE { KOCH: MICHAEL HOFFMANN } SEITE **148**

{ **Joel Salatin** }
ÖKO-BAUER

KENNT SICH AUS MIT GESUNDEN NAHRUNGSMITTELN

JOEL SALATIN: „Alles basiert auf Gras: Kühe, Hühner, Schweine."

„Die Industrie hat billiges Essen kreiert. Aber tatsächlich ist es teures Essen."

FAKT:
Wie wir uns ernähren, hat sich in den letzten 50 Jahren mehr verändert als in den letzten 10.000 Jahren.

BESCHÄFTIGT SICH VIEL MIT DIESEM THEMA

Nur wenige Konzerne beherrschen weltweit das Food Business vom Saatgut bis zum Teller.

{ **Michael Pollan** }
AUTOR

„Fast Food besteht aus drei Zutaten: Zucker, Salz, Fett."

FOOD, INC.

DOKUMENTARFILM — USA 2008 — 94 MIN.

REGIE: **ROBERT KENNER**
PRODUKTION: **PARTICIPANT MEDIA**
MIT: **MICHAEL POLLAN — ERIC SCHLOSSER**

KOCH: **TIM RAUE**

„Für diesen Film will ich unbedingt kochen", sagte Tim Raue, nachdem er zusammen mit seinen Mitarbeitern *Food, Inc.* auf dem Großbildschirm in seiner Küche gesehen hatte. Dabei ist der Film alles andere als appetitanregend. Thema von *Food, Inc.* ist der alltägliche Einkauf im Supermarkt. Die Bestseller-Autoren Michael Pollan *(Das Omnivoren Dilemma)* und Eric Schlosser *(Fast Food Gesellschaft)* erzählen vom radikalen Wandel, den die Lebensmittel in wenigen Jahren erfahren haben, und davon, welche Auswirkungen die industrielle Nahrungsproduktion auf die Umwelt und die Gesundheit der Verbraucher hat. Sie decken die Märchen und Lügen von glücklichen Tieren und idyllischen Bauernhöfen in der Werbung auf. „Die Lebensmittelindustrie möchte nicht, dass wir wissen, was wir essen. Denn wenn wir es wüssten, würden wir es vielleicht gar nicht essen wollen", meint Eric Schlosser. Genmanipulation, Hormone, Überdüngung, alles geschieht zur Profitmaximierung und nichts ohne vermeidbares Leid für Mensch und Tier. Mit jedem neuen Skandal wächst aber auch die Suche nach Alternativen, glaubt Michael Pollan. Das Besondere des Films ist die Kunst der Filmemacher, die unbequemen Fakten so geschickt zu portionieren, dass man nicht ermüdet abschaltet. Außerdem zeigen sie als kleinen Hoffnungsstrahl auch Menschen, die erfolgreich alternative Produkte erzeugen. 1700 Zuschauer kamen zur europäischen Premiere im Friedrichstadt-Palast auf der *Berlinale* 2009. Der sensationelle Erfolg schlug Wellen bis über den Atlantik. Der Film wurde für den Oscar nominiert und war viele Monate Nr. 1 in den US-DVD-Charts. Schmecken heißt wissen, denn homo sapiens bedeutet: weiser und schmeckender Mensch. Mit jedem Bissen können wir die Welt verändern, verkündet der Abspann. Nach diesem Film war Tim Raue der Appetit auf Fleisch erst mal vergangen, und er servierte den Premierengästen zwei leichte Gemüsegerichte mit schmackhaften Kräutern.

ZWISCHENGERICHT

Gewürztofu

ZWISCHENGERICHT

Eintopf von Kürbis, Möhre und Ingwer mit weißen Bohnen

WEINEMPFEHLUNG

Dieser Film braucht etwas Frisches und Süffiges. Die Gerichte von Tim Raue passen zu reichen Bouquets wie dem Haardt Muskateller trocken vom Pfälzer Weingut MÜLLER-CATOIR.

„Der Film ist großartig. Er versäumt nicht, Alternativen zu zeigen, die in frischen Lebensmitteln bestehen."

{TIM RAUE}

GEWÜRZ tofu

ZUTATEN
{6 PERSONEN}

600 g Gewürztofu — 60 ml Chiliöl — 200 g Erdnüsse
200 g eingelegter Senfkohl, fein geschnitten — 20 g Korianderblättchen, fein geschnitten
4 EL schwarzer chinesischer Essig — 4 EL Sesamöl

{30 MIN}

GEWÜRZTOFU — Gewürztofu in feine Scheiben schneiden. Das Chiliöl in einem Topf erhitzen. Die Tofuscheiben dazugeben und bei mittlerer Hitze unter Rühren erwärmen. Die Erdnüsse sowie den Senfkohl dazugeben und ebenfalls erwärmen, dabei weiterrühren.

ANRICHTEN — Topf vom Herd nehmen, Koriander, Essig und Sesamöl dazugeben. Den Tofu auf 6 Schüsseln verteilen und lauwarm servieren.

EINTOPF VON KÜRBIS
Möhre und Ingwer
mit
weißen Bohnen

ZUTATEN
{ 6 PERSONEN }

EINLAGE — 300 g Kürbis — 150 g Karotten, fein gewürfelt — 6 EL Orangenöl
100 g weiße Bohnenkerne — 80 g eingelegter Sushi-Ingwer
SUD — 400 ml Gemüsefond — 200 ml Blutorangensaft — 1 EL Five-Spice-
Gewürz (Asialaden) — 2 EL türkische Paprikapaste (Hajvar) — 1 EL Speisestärke
150 g Butter — 50 ml Orangenöl
GARNITUR — 5 g Zitronenmelisseblätter — 5 g Wasserkresse
5 g Zitronenthymian — Saft von ¼ Zitrone

{ 45 MIN + KOCHEN }

> „Esse nichts, was deine Großmutter nicht als Lebensmittel erkannt hätte."
>
> { MICHAEL POLLAN }

EINLAGE — Kürbis in 1 cm große Würfel schneiden und mit den Karotten sowie dem Orangenöl auf ein Backblech geben. Im Ofen bei 160 °C etwa 25 Minuten garen. Bohnen weich kochen. Ingwer in feine Streifen schneiden.
SUD — Gemüsefond mit Saft, Gewürz und Paste aufkochen. Die Stärke mit wenig Wasser anrühren und den Sud damit andicken. Kürbis- und Karottenwürfel, Bohnen und Ingwer dazugeben und alles einmal aufkochen. Anschließend Butter und Orangenöl in den Eintopf rühren.
GARNITUR — Die Kräuter vermengen, in 6 Portionen teilen und mit etwas Zitronensaft beträufeln.
ANRICHTEN — Zuerst den Eintopf in eine Suppenschüssel geben, dann den Kräutersalat in die Mitte setzen.

{ Stefano Sardo }
REGISSEUR

Seine Eltern gehörten zu den Slow-Food-Gründern.

„Der Einsatz für das Menschenrecht auf gutes Essen stand am Anfang der Slow-Food-Bewegung."

MOTTO:
„Gut, sauber, fair" – hier geht es um die Anfänge einer der bedeutendsten Food-Bewegungen der Welt.

„Essen ist für alle Menschen Gegenwart, Vergangenheit und Zukunft. Wir sind dabei, diese Kultur zu verlieren und zu vergessen."

{ Carlo Petrini }
GRÜNDER UND PRÄSIDENT VON SLOW FOOD

SLOW Food STORY

DOKUMENTARFILM — ITALIEN 2013 — 73 MIN.

REGIE: **STEFANO SARDO**
PRODUKTION: **INDIGO FILM — TICO FILM**
MIT: **CARLO PETRINI — AZIO CITI**

KOCH: **MICHAEL HOFFMANN**

„Warum sollen Eskimos oder Marokkaner das Gleiche essen?", fragte der Journalist Carlo Petrini und protestierte gegen die Eröffnung einer McDonalds-Filiale nahe der berühmten Spanischen Treppe in Rom. Das war 1986 und der eigentliche Startschuss einer jungen Bewegung: Slow Food. Seither hat sie sich rasant entwickelt. Der Gründer Carlo Petrini wird heute von der internationalen Presse wie *Time Magazine* oder *The Guardian* zu den einflussreichsten Männern des Planeten gezählt. Denn mit seinen Warnungen vor den Folgen der Industrialisierung der Nahrung und seinem Engagement für regionales und saisonales Essen war und bleibt er ein Pionier. Der Film belegt mit Originalaufnahmen die Ursprünge der Bewegung in den 1970er Jahren im Piemont. Petrini saß für eine linke Gruppierung im Stadtparlament des Städtchens Bra. Nach ihren Sitzungen ging die Fraktion gerne essen. Doch die Genossen merkten, dass die Mahlzeiten immer schlechter schmeckten als früher. Die fortschreitende Industrialisierung verdrängte die kleinen Erzeuger und damit verschwanden auch die traditionellen Produkte. Der Lokalpolitiker Petrini zog die Konsequenzen, gründete ein Lokal und organisierte Volksmusikfeste. Dann folgte ein Weinskandal, der für die italienischen Winzer eine wirtschaftliche Katastrophe bedeutete. Essen und Trinken waren zum Politikum geworden. 1989 wurde Slow Food in Paris offiziell gegründet, und der Verein betrat die internationale Bühne. Michael Hoffmann ist einer von Petrinis Lieblingsköchen. Die Idee der kurzen Nahrungsketten verwirklicht der Sternekoch mit einem eigenen Garten vor den Toren Berlins. Frischer und pestizidfreier geht es nicht. Gemüse so schmackhaft zuzubereiten, dass es einen Omnivoren wie den Präsidenten von Slow Food begeistert, könnte ein Ansporn für Kochamateure sein.

VORSPEISE

Pistou Ravioli

HAUPTGANG

Gerührte Polenta und gegrillte Artischocken

DESSERT

Erdbeeren mit Basilikum, Schaumbrot und Pinot-Eis

PISTOU Ravioli

WEINEMPFEHLUNG

Im Roero Gebiet zwischen Alba und der Slow-Food-Heimatstadt Bra vinifizieren namhafte Weingüter wie BRUNO GIACOSA oder PRUNOTTO aus der autochthonen Rebsorte Arneis einen köstlichen Weißwein mit milder Säure und frischen Fruchtnoten.

ZUTATEN
{ 8 PERSONEN }

TEIG — 4–5 Eier — 1 Eigelb — 1 Prise Meersalz — 500 g italienisches Pastamehl (Tipo 00)
FÜLLUNG — 150 g Tomaten — 15 g Pinienkerne — 3 Schalotten, geschält
1 Stange Zwiebellauch — 20 g Basilikum und einige Blätter zum Anrichten — 20 g glatte Petersilie
10 g Estragon — 5 g Salbei — 20 g Rauke — Meersalz — frisch gemahlener grüner Pfeffer
etwas Honig — 80 g Parmesan, gerieben — Olivenöl
GARNITUR — Parmesan, gehobelt — Olivenöl — Basilikumblätter

{ 1 H 10 MIN + RUHEN LASSEN }

TEIG — Eier und Eigelb aufschlagen und mit 1 Prise Meersalz verrühren. Das Mehl auf die Arbeitsfläche geben und in der Mitte eine Vertiefung formen. Eiermischung hineingießen und Mehl langsam von innen nach außen einrühren. Falls der Teig zu trocken ist, die Hände mit Wasser befeuchten und mit nassen Händen weiterkneten. Den Teig sehr gut durcharbeiten und dann mindestens 30 Minuten ruhen lassen.

FÜLLUNG — Tomaten mit heißem Wasser überbrühen, häuten, entkernen und Fruchtfleisch in kleine Stücke schneiden. In einer Pfanne ohne Fett dünsten, damit die Flüssigkeit verdampft. Pinienkerne rösten. Schalotten in feine Würfel und Zwiebellauch in feine Ringe schneiden. Basilikum, Petersilie, Estragon, Salbei und Rauke bei Bedarf von den Stängeln zupfen und mit einem Messer grob schneiden, anschließend alles in einem Mörser zermahlen. Mit Meersalz, grünem Pfeffer und etwas Honig abschmecken. Parmesan dazugeben und mit wenig Olivenöl glatt rühren.

RAVIOLI — Teig sehr dünn ausrollen, etwa 10 Minuten ruhen lassen und halbieren. Dann die Füllung teelöffelweise auf eine Teighälfte verteilen, dazwischen jeweils einen kleinen Abstand lassen. Mit der anderen Teighälfte bedecken. Die Zwischenräume gut andrücken und kleine Ravioli ausstechen. Reichlich Wasser aufkochen und gut salzen. Ravioli darin etwa 2 Minuten bei niedriger Hitze kochen lassen. Herausnehmen und in einer Pfanne mit etwas Kochwasser sowie Olivenöl schwenken und so glacieren.

ANRICHTEN — Eine Portion Ravioli auf einem Teller verteilen und einige Basilikumblätter darüberstreuen. Mit etwas Parmesan und einigen Tropfen Olivenöl verfeinern.

„Als Koch setze ich alle Sinnesorgane ein. Man kann es fühlen und riechen, ob ein Gemüse frisch ist, ebenso kann man hören, wie weit der Braten im Ofen ist und schmecken, ob ein Gewürz fehlt."

{ MICHAEL HOFFMANN }

GERÜHRTE POLENTA und gegrillte Artischocken

ZUTATEN
{ 8 PERSONEN }

POLENTA — 380 ml Milch — 300 ml Geflügelfond — 180 g Polenta — Meersalz
1 Schalotte, geschält — 1 Knoblauchzehe, zerdrückt — 1 Lorbeerblatt — 2 Zweige Thymian
1 Zweig Rosmarin — 80 g weiche Butter — 20 ml Haselnussöl — etwa 50 g Pecorino, gerieben
GEMÜSE — 8 Artischocken — 2 rote Paprikaschoten — 1 Peperoni
1 Bund Basilikum — 16 Zwiebellauchspitzen (der weiße Teil) — 400 ml Gemüsefond
2 getrocknete Paprikaschoten — Olivenöl — Kräutersalz
GARNITUR — Basilikum — Zwiebellauchspitzen

{ 1 H 45 MIN + KOCHEN & BACKEN }

POLENTA — Backofen auf 120 °C vorheizen. 300 ml Milch mit dem Geflügelfond aufkochen und Polenta in die kochende Flüssigkeit rühren. Leicht salzen und sofort vom Herd nehmen. Den Topfrand säubern und die Aromaten (Schalotte, Knoblauch, Lorbeer, Thymian und Rosmarin) auf der Polenta verteilen ohne umzurühren. Mit Pergamentpapier abdecken und etwa 30 Minuten in den Ofen stellen. Den Topf auf ein Gitter stellen, damit er keinen direkten Kontakt zu den heißen Ofenflächen hat. Das verhindert das Ansetzen der Polenta. Nach dem Ende der Garzeit die Aromaten entfernen und den Topf bei niedriger Hitze wieder auf den Herd stellen. Nun Butter, Haselnussöl und bei Bedarf noch die restliche Milch einrühren. Zum Schluss den Pecorino unterheben.

GEMÜSE — Artischocken putzen und den Boden vierteln. Paprikaschoten vierteln und die Samen entfernen. Peperoni der Länge nach halbieren, Samen auskratzen und das Fruchtfleisch in feine Würfel schneiden. Basilikumblätter von den Stängeln zupfen und mit den Zwiebellauchspitzen in Eiswasser geben. Gemüsefond erhitzen und Artischocken sowie Paprikaviertel darin fast weich ziehen lassen. Anschließend das Gemüse auf einem Küchentuch abtropfen lassen. Getrocknete Paprikaschoten im Mörser zermahlen. Peperoniwürfel mit etwas Olivenöl sowie Kräutersalz dazugeben. In der Zwischenzeit den Grill anheizen und Artischocken, Paprika sowie Zwiebellauch auf dem Rost bei schöner Glut von allen Seiten grillen bzw. fertig garen. Anschließend mit der Peperonimischung marinieren und beiseitestellen.

ANRICHTEN — Eine Portion Polenta auf einem Teller verteilen und je 1 Artischocke sowie 1 Paprikaviertel darauf anrichten. Zuletzt 2 Zwiebellauchspitzen und etwas Basilikum darübergeben. Der Gemüsefond hat durch das Vorgaren der Gemüse einen noch intensiveren Geschmack bekommen und kann als Bouillon dazu gereicht werden.

WEINEMPFEHLUNG

Wer jetzt zu Rot wechseln möchte, sollte einen Chianti vom biodynamisch bewirtschafteten Weingut **RIECINE** probieren.

„Gemüse ist eine größere kulinarische Herausforderung als Fleisch oder Fisch."

{ MICHAEL HOFFMANN }

GEDANKENFUTTER 137

WEINEMPFEHLUNG

Der Rosé Brut Sekt Rheingau aus 100 % Spätburgunder vom Weingut **GEORG BREUER** oder der Spätburgunder Sekt – entweder weiß als Brut Blanc oder als Rosé Mousseux Brut, gekeltert vom fränkischen Weingut **RUDOLF FÜRST**, passen exzellent.

ERDBEEREN MIT BASILIKUM
Schaumbrot und
Pinot-Eis

ZUTATEN
{ 8 PERSONEN }

SCHAUMBROT — 1 Bund Basilikum — 350 ml Mineralwasser — 150 ml Läuterzucker (Zucker und Wasser im Verhältnis 1:1 gekocht) — 4 Blatt Gelatine
PINOT-EIS — 110 ml Pinot-Sekt — 45 g Zucker — 25 g Glukose (Traubenzucker) 130 g frische Erdbeeren
GARNITUR — einige schöne Erdbeeren — geröstete Haselnüsse — Basilikumblätter — 15 g Zucker

{ 1 H + KÜHLEN }

SCHAUMBROT — Basilikumblätter von den Stängeln zupfen und in kochendem Wasser blanchieren. Mit 150 ml Mineralwasser pürieren und durch ein Sieb passieren. Diesen Fond mit dem restlichen Mineralwasser und dem Läuterzucker mischen und 3–4 Stunden in den Kühlschrank stellen. Mit dem Rührgerät zu einer schaumigen Masse aufschlagen. Gelatine in kaltem Wasser einweichen, auflösen und langsam in die Masse einrühren. Noch 1 Tag kalt stellen, dann bekommt die Masse eine schöne grüne Farbe.
PINOT-EIS — Pinot-Sekt mit Zucker und Glukose mischen, einmal aufkochen lassen. Erdbeeren pürieren und durch ein Sieb passieren. Erdbeermark zu dem Sekt-Zuckersirup geben und etwa 1 Stunde ziehen lassen. Anschließend im Gefrierfach fest werden lassen.
GARNITUR — Erdbeeren je nach Größe halbieren und mit den gerösteten Haselnüssen, Basilikum und nach Belieben etwas Zucker mischen.
ANRICHTEN — Aus dem Schaumbrot kleine Nocken abstechen und der Länge nach auf Tellern anrichten. Den Erdbeersalat zwischen die Nocken geben. Etwas Pinot-Eis abstechen und daneben setzen.

—

„Meine Mutter war berufstätig, aber sie war auch eine sehr gute Köchin."

—

{ CARLO PETRINI }

{ Felipe Ugarte }
MUSIKER

hatte die Idee, Gerichte in Musik zu übersetzen.

„Kochen und Musik haben vieles gemeinsam – Texturen, Traditionen, Präzision."

SEIN MUGARITZ ZÄHLT ZU DEN BESTEN RESTAURANTS DER WELT

- - - → „Ein Projekt, das Gastronomie mit Musik verbindet."

{ Andoni Aduriz }
CHEFKOCH

„Wir bedecken das Fleisch mit einem Farbstoff, der aus verkohlten Kräutern gemacht ist. Wenn das Gericht serviert wird, scheint es verbrannt zu sein. Wenn man hineinschneidet, ist es komplett weiß. Die Idee ist es, eine Illusion zu erschaffen."

Musiker spielen zu den Food-Bildern.

MUGARITZ B.S.O.

DOKUMENTARFILM — SPANIEN 2011 — 72 MIN.

REGIE: **FELIPE UGARTE — JUANTXO SARDON**
PRODUKTION: **IXO PRODUCCIONES**
MIT: **ANDONI ADURIZ — FELIPE UGARTE
JUAN HERNÁNDEZ**

KOCH: **ANDONI ADURIZ**

„Wenn die Musik der Liebe Nahrung ist, spielt weiter!", dichtete William Shakespeare in *Was Ihr Wollt*. Der baskische Komponist Felipe Ugarte tauschte für diesen Film die Komponenten und wollte Nahrung zu Musik werden lassen. Mit dieser Idee ging er zu Andoni Aduriz, dem Chefkoch des baskischen Restaurants *Mugaritz*, das zu den besten Restaurants der Welt zählt. Die Idee des Musikers, Gerichte in Musik zu übersetzen, gefiel dem Koch und beide zogen aus, um zu erfahren, wie das Essen klingt oder wie Musik schmeckt. Drei Jahre lang reist das Produktionsteam um die Welt, steigt auf Andengipfel und taucht im Meer, um Ursprung, Geschichte und Klänge der Gerichte zu erforschen. Immer wieder treffen sich Musiker sehr verschiedener Richtungen im Studio und musizieren zu den Bildern. Die Musiker entdecken, dass sie die gleichen Begriffe benutzen wie die Köche: Temperaturen, Texturen, Noten und übertragen die Rhythmen der Küchenarbeit in die Kompositionen. So entsteht ein „B.S.O.", das steht abgekürzt im Titel für Bande Sonor Original, mit anderen Worten, eine höchst originelle Tonspur. Andoni Aduriz hat für uns drei raffinierte Rezepte entwickelt: Warmer, aber ungekochter Spargel als Vorspeise. Baiser vom grünen Tee zum Dessert. Als Hauptgericht schlägt er geschmorte Schwänze vom Ibérico-Schwein vor. Im Film sehen wir die hochgeschätzten Tiere über Wiesen und durch Eichenhaine toben. Wenn sie Schwänze haben, werden sie artgerecht gehalten. In der industriellen Fleischproduktion werden die Schwänze kupiert. Früher wurde das Schwänzchen in Gerichten wie dem „Elsässer Baeckeoffe" verwendet oder mit Steckrüben geschmort. Rezepte dafür findet man im Internet. Ein Mugaritz-Rezept zu kochen ist aufwendig. Das Restaurant steht zurzeit auf Nr. 5 der Weltrangliste. Doch intensiver, reiner Geschmack, die Aufregung wie Andoni Aduriz zu kochen und die Musik der Küche werden der Lohn der Mühe sein.

VORSPEISE

Warmer weißer Spargel mit brauner Butter

HAUPTGANG

Iberische Schweineschwänze mit pikanter Marmelade

DESSERT

Baiser vom grünen Tee mit mariniertem Apfel

WEINEMPFEHLUNG

Spargel und Sylvaner bleiben Klassiker und passen auch zu einem baskischen Rezept. Probieren Sie den Sylvaner von **HORST SAUER** aus Franken.

WARMER WEISSER
Spargel
mit brauner Butter

ZUTATEN
{4 PERSONEN}

SPARGEL — ½ Bund glatte Petersilie — 4 weiße Spargelstangen (à 40–50 g) oder Daikon (milder, weißer asiatischer Rettich) — Olivenöl — essbare Blüten zum Anrichten
SPARGELCREME — 4 Spitzen der Spargelstangen — 15 g Salz — Olivenöl
BRAUNE BUTTER — 250 g Butter

{1 H + ANWÄRMEN}

SPARGEL — Petersilienstängel in eine Schüssel mit sehr kaltem Wasser geben. Spargelspitzen abschneiden, in feuchtes Küchenpapier wickeln und im Kühlschrank aufbewahren. Spargelstangen sorgfältig schälen und in 7 cm lange Stücke teilen. Die Stangen zur Petersilie ins Wasser geben und im Kühlschrank aufbewahren. (Die Petersilie verhindert, dass der Spargel braun wird, sie wird nicht weiter verwendet.)

SPARGELCREME — Spargelspitzen in Salzwasser weich kochen, durch ein Sieb drücken und die Masse mit etwas Öl leicht binden. Die Creme zugedeckt in den Kühlschrank stellen.

BRAUNE BUTTER — Butter in Stücke schneiden und in einem Topf bei niedriger Hitze schmelzen. Nur von der Oberfläche vorsichtig den Schaum und Verunreinigungen abschöpfen. Die Butter nun weiter erhitzen (bis etwa 152 °C), bis sie braun wird und sich am Boden dünne karamellisierte Milchzuckerpartikel absetzen. Dann die braune Butter durch ein feinmaschiges Sieb abgießen.

SPARGELSTANGEN — Spargelstangen aus dem Wasser nehmen, gut abtropfen lassen und mit einigen Tropfen Olivenöl benetzen. Unter dem Backofengrill erwärmen, aber nicht garen.

ANRICHTEN — Den erwärmten Spargel auf einen heißen Servierteller legen und mithilfe eines Pinsels mit der flüssigen braunen Butter bestreichen. Die Spargelcreme darübergeben.

„Im Mund befinden sich die sensibelsten Teile des Körpers."

—

{ANDONI ADURIZ}

IBERISCHE Schweine schwänze
mit pikanter Marmelade

WEINEMPFEHLUNG

Gereifter Riesling, Rheinhessen, Aulerde. Die Lage wird von mehreren Winzern bearbeitet. WITTMANNS Großes Gewächs ist herausragend!

Für den Rotweinfreund wird der Spätburgunder Malterdinger oder Höherwertiges vom Weingut HUBER, Baden, hervorragend passen.

ZUTATEN
{4 PERSONEN}

SCHWEINESCHWÄNZE — 4 Schwänze von ausgewachsenen Ibérico-Schweinen (alternativ Schwänze vom Deutschen Sattelschwein aus Biozucht) — Salz
SCHWEINESCHWANZBRÜHE — 500 g Schwanzspitzen vom Ibérico-Schwein
25 g Karotten — 50 g Zwiebel — Salz
PIKANTE MARMELADE — 15 getrocknete Safranfäden (z.B. D.O. La Mancha)
500 ml Schweineschwanzbrühe — 35 g japanische Kuzu-Stärke (Asialaden)
GARNITUR — Steinsalz — getrockneter Jamón Ibérico

{1 H + GAREN, RUHEN LASSEN & KOCHEN}

SCHWEINESCHWÄNZE — Schweineschwänze unter fließendem Wasser waschen, Borsten entfernen und die Schwänze gut säubern. Die Spitzen am letzten Gelenk entfernen und für die Brühe beiseitelegen. Die rohen Schwänze mit etwas Salz vom Metzger luftdicht vakuumieren lassen und in einem Wasserbad oder im Dampfgarer bei 92 °C 12 Stunden garen. Danach die Beutel herausnehmen und öffnen. Schwänze entbeinen, solange sie noch heiß sind. So kann man die Knochen leichter entfernen. Das beim Kochen ausgetretene Fett beiseitestellen. Die Fleischabschnitte der Schwänze in gleich große Stücke schneiden und zugedeckt kühl stellen. Kurz vor dem Servieren mit der Hautseite nach unten scharf anbraten, dabei etwas von dem beiseitegestellten Schweinefett verwenden. Im Backofen mit der gebratenen Seite nach oben bis zum Servieren warm halten.

SCHWEINESCHWANZBRÜHE — Falls die Spitzen der 4 Schweineschwänze weniger als 500 g ergeben, blanchierte Knochen mit Knorpel dazunehmen. Gemüse waschen, hacken und mit 1,5 Liter Wasser in einem Topf erhitzen. Schwanzspitzen dazugeben und 6 Stunden köcheln lassen. Sobald die Brühe zu gelieren beginnt, durch ein Sieb abgießen und bei niedriger Hitze in einem Topf einkochen, bis eine gallertartige Jus entsteht, die intensiv nach Ibérico-Schwein schmeckt. Nach Belieben salzen.

PIKANTE MARMELADE — Safranfäden in Aluminiumfolie wickeln und im Ofen bei 120 °C 4 Minuten erhitzen, dann in einem Mörser zu Pulver mahlen. Safranpulver in die Schweineschwanzjus rühren und diese 8 Stunden kalt stellen. Dann die Kuzu-Stärke in die kalte Schweineschwanzjus geben und sanft erhitzen. Dabei mit einem Schneebesen kräftig umrühren, bis das Gelee kleine Blasen wirft. Das Ergebnis soll eine orangefarbene, schaumige Marmelade sein. Mit Klarsichtfolie abdecken. Die Folie soll direkt auf der Marmelade liegen, damit sich keine Stärkefäden auf der Oberfläche bilden.

ANRICHTEN — Ein Stück Schweineschwanz mit der Hautseite nach unten in einen sehr heißen Suppenteller legen. Mit 1 Prise Steinsalz bestreuen. Eine Portion pikante Marmelade dazugeben. Zum Schluss mit getrockneten Jamón-Ibérico-Stücken bestreuen, um dem Gericht eine weitere, zart-knusprige Textur zu geben.

BAISER VOM grünen Tee
mit mariniertem Apfel

WEINEMPFEHLUNG

Ein duftiger Rosenmuskateller – Moscato Rosa – vom Weingut **ALOIS LAGEDER** aus Südtirol.

„Essen heißt, dem Koch vertrauen. Kochen ist eine Verantwortung."

{ANDONI ADURIZ}

ZUTATEN
{4 PERSONEN}

BAISER VOM GRÜNEN TEE — 12 g grüner Tee — 360 ml Milch — 50 g Leinsamen — 20 g Zucker Bergtee-Pulver (Jasonia glutinosa, alternativ anderer Kräutertee)
KALTE SUPPE — 400 ml stilles Mineralwasser — 1 Vanilleschote — 6 schwarze Pfefferkörner, zerdrückt 12 Blätter Frauenminze (Tanacetum balsamita) — 50 g Zucker — 3 g Pektin (natürliches Geliermittel) 90 ml Muskateller (süßer Weißwein) — 100 g rotes Pfirsichpüree
EINGELEGTE ÄPFEL — 50 g Zucker — 2 Tropfen natürliche Bittermandelessenz 2,5 g Ascorbinsäure (Apotheke) — 2 reife Äpfel
GARNITUR — Kosmeenblüten, korsische Minze

{2 H + MARINIEREN}

BAISER VOM GRÜNEN TEE — Grünen Tee in heißer Milch bei 60 °C etwa 20 Minuten lang ziehen lassen, dann durch ein Sieb abgießen und kalt stellen. Leinsamen in dem kalten Aufguss 45 Minuten lang einweichen. Zucker dazugeben und die Mischung wieder auf 70 °C erhitzen. Sofort durch ein Sieb abgießen und die Flüssigkeit abkühlen (z. B. auf Eiswasser). Bei 4 °C gekühlt halten. Zunächst die kalte Suppe zubereiten. Kurz vor dem Servieren die Mischung im Mixer wie Eischnee oder Baiser kräftig aufschlagen.

KALTE SUPPE — Mineralwasser, Vanilleschote und Pfefferkörner in einem Topf zum Kochen bringen, dann den Topf vom Herd nehmen. 8 Frauenminzeblätter dazugeben und die Mischung 15 Minuten zugedeckt ziehen lassen. Minze entfernen und den Aufguss nicht abgedeckt abkühlen lassen. Wenn eine Temperatur von 40 °C erreicht ist, Zucker sowie Pektin einrühren und den Aufguss wieder auf 70 °C erhitzen. Vom Herd nehmen, restliche Minzeblätter, Muskateller und Pfirsichpüree einrühren. Mischung auf einem Eiswasserbad kühlen und zugedeckt ziehen lassen, bis sie eindickt. In einen Behälter füllen, fest verschließen und im Kühlschrank aufbewahren.

EINGELEGTE ÄPFEL — Zucker, Bittermandelessenz, Ascorbinsäure und 450 ml Wasser in einer Schüssel gut mischen. Äpfel vierteln, Kerngehäuse entfernen und schälen. Die Apfelviertel 12 Stunden in der Zuckermischung ziehen lassen.

ANRICHTEN — Baiser vom grünen Tee in Portionen teilen und auf eine eiskalte Platte geben. Baisers mit dem Bergtee-Pulver bestäuben. Die eingelegten Apfelscheiben aus der Marinade nehmen, je 2 Stück in einen tiefen Teller legen. Jeweils eine Portion der kalten Suppe über die Äpfel geben und die Baisers darauf anrichten. Mit Kosmeenblüten und korsischer Minze dekorieren und sofort servieren.

GEDANKENFUTTER 147

CHANCE: **PETER SELLERS**
EVE RAND: **SHIRLEY MACLAINE**
BEN RAND: **MELVYN DOUGLAS**
US-PRÄSIDENT: **JACK WARDEN**

{ Ben Rand }

VERHEIRATET

{ Eve Rand }

„Einige Pflanzen gedeihen in der Sonne und andere brauchen mehr den Schatten."

WENDET CHANCES GARTEN-TIPPS AUF DIE POLITIK AN

{ US-Präsident }

FREUND DER FAMILIE RAND

{ Chance }

GÄRTNER

CHANCE WIRD ÜBER NACHT ZUM BERATER DES PRÄSIDENTEN

„Wenn man einen Garten mit viel Liebe pflegt, dann wächst und gedeiht alles. Aber erst muss einiges welken, das ist Naturgesetz."

148 WILLKOMMEN MR. CHANCE

Willkommen Mr. CHANCE

Being There

KOMÖDIE — USA 1979 — 129 MIN.

REGIE: **HAL ASHBY**
PRODUKTION: **ANDREW BRAUNSBERG**

KOCH: **MICHAEL HOFFMANN**

Es gibt Filme über das Essen, da wird nicht gegessen und gekocht. Da verschwindet der Akt der Nahrungsaufnahme in einem größeren Zusammenhang, wie zum Beispiel der Politik oder der Natur. *Willkommen Mr. Chance* ist ein Film über einen Gärtner mit Namen Chance. Er ist naiv wie Adam vor dem Sündenfall und lebt in einer Villa in Washington, D. C. Plötzlich schließen sich die Tore seines kleinen Paradieses hinter ihm und er steht auf der Straße. Alles, was er kann, ist gärtnern. Durch einen Unfall lernt er den schwerreichen und todkranken Ben Rand und dessen sexy Ehefrau kennen und wird zum Vertrauten der beiden. Als der US-Präsident seinen alten Freund Ben besucht, um dessen Meinung zur augenblicklichen politischen Lage zu erfahren, wirft Chance ein, dass alles gut werde, solange die Wurzeln nicht beschädigt seien. Dann werde es im Frühling auch wieder Wachstum geben. Der Präsident bezieht dies auf das politische Klima und ist hocherfreut. Chance wird über Nacht zum politischen Kommentator und Medienstar. Der Film ist eine exzellente Mediensatire, die eine Generation nach ihrer Premiere noch an Biss gewonnen hat. Geradezu prophetisch ist das Thema Garten, das heute mit Bewegungen wie Urban Gardening und Essbaren Schulgärten politische Realität geworden ist. Der Slogan „Vom Garten auf die Gabel" könnte von Mr. Chance sein. Das grandiose Gemüse-Menü zum Film stammt von Michael Hoffmann, der die meisten Zutaten für seine Sterneküche im eigenen Garten zieht. Wer sich die Zeit nimmt, es zu kochen, wird seine Gäste und sich mit einem fabelhaften Geschmackserlebnis überraschen. Wer weniger Zeit hat, kocht nur einen Teil des Menüs, als Feldversuch.

VORSPEISE

Jahreszeiten im Glas

HAUPTGANG

Rotkohl, Kartoffel-Walnuss-Püree, Granatapfelbutter und Pampelmuse

DESSERT

Madame Suzette Crêpe mit Sanddorn und Grand Marnier

Jahreszeiten
im
GLAS

WEINEMPFEHLUNG

Der pikante Sauvignon Blanc vom Weingut **POLZ** aus der Steiermark in Österreich öffnet die Papillen für die Aromen aus Michael Hoffmanns Garten.

ZUTATEN
{8 PERSONEN}

KÜRBIS-TAPENADE MIT BACKPFLAUME UND MINZE — 4 Schalotten, geschält
1 Hokkaido-Kürbis, geschält und ohne Kerne — Rapsöl — Meersalz
½ Stange Lauch, klein gewürfelt — 4 Backpflaumen, ohne Stein und klein gewürfelt
½ Bund frische Minze, fein gezupft — 40 g Ingwer, geschält und gerieben — Honig — Apfelessig
SALAT — 40 g Schwarzer Rettich — 40 g Karotten — 2 Blätter Endivie
20 g grüne und rote Kresse, gezupft — Olivenöl — Meersalz — Schale von 1 Limone, abgerieben
STECKRÜBENBROT — 250 g Steckrübe, geschält und gewürfelt — Traubenkernöl — Meersalz
1 Msp. Kurkuma — 1 Apfel (Boskop), geschält und klein gewürfelt — 20 g Meerrettich, gerieben
½ Bund Koriander, fein gezupft — 8 Scheiben Tomaten- oder Walnussbrot — 2 Birnen, getrocknet und in feine
Streifen geschnitten — etwas Brunnenkresse, gezupft

{2 H 15 MIN}

„Wir sollten den unvermeidlichen Wechsel der Jahreszeiten als willkommen hinnehmen, wie das Auf und Ab der Wirtschaft auch."

{BEN}

KÜRBIS-TAPENADE — Schalotten und Kürbis in kleine Stücke schneiden und in etwas Rapsöl ohne Farbe anschwitzen. Leicht salzen und mit etwas Wasser ablöschen. Kürbis bei niedriger Hitze zugedeckt weich garen. Deckel abnehmen, die restliche Flüssigkeit verdampfen lassen und den Kürbis fein hacken. Kürbisstücke mit Lauch und Backpflaumen wieder in den Topf geben und mit Minze, Ingwer, Honig und etwas Apfelessig zu einer Tapenade abschmecken. Die Tapenade in kleine Gläser füllen.
SALAT — Den Schwarzen Rettich schälen und in feine Stifte schneiden. Karotten schälen und in feine Scheiben schneiden. Endivienblätter waschen, klein zupfen und mit Rettich, Karotten und Kresse mischen. Salat mit Olivenöl, etwas Meersalz und Limonenschale abschmecken.
STECKRÜBENBROT — Steckrübenwürfel in Traubenkernöl ohne Farbe anschwitzen. Leicht salzen und Kurkuma dazugeben, anschließend mit etwas Wasser ablöschen und weich köcheln lassen. Dann mit einem Kartoffelstampfer zerdrücken. Apfelwürfel dazugeben und mit Meerrettich und Koriander pikant abschmecken. Brot in einer Pfanne rösten und Kreise mit 10 cm Durchmesser ausstechen. Steckrübenpüree auf die Brotscheiben streichen. Birnenstreifen mit der Brunnenkresse mischen und leicht mit wenig Traubenkernöl marinieren. Steckrübenbrot damit garnieren.
ANRICHTEN — Den Salat auf der Tapenade im Glas anrichten. Das Steckrübenbrot dazu reichen.

Rotkohl, Kartoffel-Walnuss-Püree
Granatapfelbutter
und Pampelmuse

ZUTATEN
{8 PERSONEN}

ROTKOHL — 1 Rotkohl — 2 Zwiebeln, geschält — 1 Apfel, geschält und ohne Kerngehäuse
2 Orangen, geschält und filetiert und etwas abgeriebene Orangenschale — Rapsöl
1 Gewürzsäckchen mit Nelke, Zimt, Wacholder, schwarzem Pfeffer und Lorbeer — etwa 600 ml Rotwein
etwa 100 ml Portwein — Meersalz
KARTOFFEL-WALNUSS-PÜREE — 100 g Walnusskerne — 20 g Walnussöl — 240 g Kartoffeln
Meersalz — 40 ml Milch — 80 g Butter
GRANATAPFELBUTTER — 1 Granatapfel — 100 g Knollensellerie, geschält — 100 g Staudensellerie
80 g Nussbutter (erhitzte, gebräunte Butter) — Nussöl — Meersalz
GARNITUR — 20 g Rotkohl, roh in Streifen geschnitten
20 g Chicorée, roh in Streifen geschnitten — 5 g glatte Petersilie, roh in Streifen geschnitten
1 Pampelmuse, geschält, filetiert und in Streifen geschnitten
Nussöl — Meersalz — 8 getrocknete Rotkohlblätter

{2 H + TROCKNEN LASSEN & KOCHEN}

WEINEMPFEHLUNG

Das Weingut HEINRICH aus dem Burgenland in Österreich macht Cuvées wie den süffigen Red oder einen sortenreinen saftigen Zweigelt.

Wenn es ein bisschen höherwertig sein darf, empfehlen wir die charmante Pannobile Cuvée.

ROTKOHL — Rotkohl, Zwiebeln, Apfel und Orangen durch die mittlere Scheibe des Fleischwolfs drehen. Die Masse in ein Sieb geben und abtropfen lassen. Den Saft dabei auffangen. Etwas Rapsöl erhitzen und die Rotkohlmischung darin anschwitzen. Diese zieht nun Wasser. Die Flüssigkeit einkochen lassen, anschließend wieder mit dem aufgefangenen Saft ablöschen und erneut einkochen lassen. Das Gewürzsäckchen dazugeben und den Kohl mit dem Rotwein ablöschen. Dann den Portwein angießen und alles zu einem sämigen Chutney verkochen. Mit Meersalz abschmecken und nach Belieben Orangenschale dazugeben.

KARTOFFEL-WALNUSS-PÜREE — Walnusskerne mit dem Walnussöl mischen, in einen Topf geben und 1 cm hoch mit Wasser bedecken. Anschließend 5 Minuten köcheln lassen und alles pürieren. Kartoffeln mit Schale in stark gesalzenem Wasser kochen, pellen und durch ein Sieb streichen. Milch erwärmen und mit der Butter unter die Kartoffeln mischen. Walnusspaste unter das Kartoffelpüree rühren und mit Salz abschmecken.

GRANATAPFELBUTTER — Aus dem Granatapfel die Kerne auslösen. Knollen- und Stangensellerie in feine Würfel schneiden. Alles mit der Nussbutter, etwas Nussöl und Meersalz mischen, dann leicht erwärmen.

GARNITUR — Für den Rotkohlsalat Rotkohlstreifen, Chicorée, Petersilie und Pampelmuse mit etwas Nussöl marinieren, mit Salz würzen und mischen.

ANRICHTEN — Mithilfe eines Ausstechers das Rotkohlchutney auf Tellern anrichten. Gegenüber etwas Kartoffel-Walnuss-Püree geben und je 1 getrocknetes Rotkohlblatt hineinstecken. Auf das Püree etwas Granatapfelbutter geben. Rotkohlsalat auf dem Chutney anrichten.

GEDANKENFUTTER 153

… WEINEMPFEHLUNG

Bleiben wir in Österreich und öffnen einen üppigen aber eleganten Ruster Ausbruch vom Weingut **PETER SCHANDL** aus Rust am Neusiedler See.

—

„Ich stand schon als Kind gerne neben meiner Großmutter in der Küche."

—

{MICHAEL HOFFMANN}

MADAME SUZETTE
Crêpe
mit
Sanddorn und Grand Marnier

ZUTATEN
{8 PERSONEN}

CRÊPETEIG — 3 Eier — 100 ml Sahne — Mark von 1 Vanilleschote — 30 g Zucker — 30 g Mehl — 25 g Speisestärke — Schale von 1 Orange und ½ Zitrone, abgerieben — Pflanzenöl
ORANGEN-GRAND-MARNIER-SIRUP — 120 g Zucker — 50 g Butter — 40 ml Zitronensaft — 250 ml Orangensaft — 30 g Orangenschale, blanchiert und in feine Streifen geschnitten — Grand Marnier
GARNITUR — Sanddornbeeren, getrocknet oder frisch — Zitronenmelisseblätter, getrocknet oder frisch

{45 MIN + KÜHLEN}

CRÊPETEIG — Alle Zutaten verrühren und den Teig etwa 30 Minuten ruhen lassen. Anschließend in einer Pfanne in etwas Öl hauchdünne Crêpes ausbacken.
ORANGEN-GRAND-MARNIER-SIRUP — Zucker bei niedriger Hitze in einem Topf erhitzen und so karamellisieren. Dann Butter dazugeben, mit Zitronen- und Orangensaft ablöschen und mindestens auf die Hälfte einkochen. Orangenschale unterrühren und mit wenig Grand Marnier abschmecken.
ANRICHTEN — Die fertigen Crêpes aufrollen und im Sirup erwärmen, dabei immer wieder mit dem Sirup übergießen und die Crêpes so glacieren. Zum Servieren mit Sanddornbeeren und gezupften Zitronenmelisseblättern garnieren.

GEDANKENFUTTER 155

DIE KÖCHE VON MORGEN

Kinder

EINFÜHRUNG
IN FILME
UND GERICHTE

JEDER KANN KOCHEN

Kleine Kinder fragen Erwachsenen nicht nur Löcher in den Bauch, sondern stecken auch alles in den Mund. Als Baby „erschlecken wir die Welt", beschreibt der Filmemacher Peter Kubelka diese Erfahrungssuche. Das Geschmacksgedächtnis speichert alles. Was uns gut schmeckt, bestimmt dann die kulinarischen Vorlieben fürs ganze Leben.

Kinder erfüllt es mit Stolz, wenn sie mitkochen dürfen und Teil des kreativen Miteinanders in der Küche sind. Denn „jeder kann kochen", behauptet ein berühmter Koch in dem Animationsfilm *Ratatouille*. Wir haben deshalb ein paar Filme ausgewählt, die Kindern und Jugendlichen besonders gut gefallen und mit denen die ganze Familie ein tolles Film-Essen feiern kann.

Ein großes Vorbild für junge Köche ist Remy in *Ratatouille*, der es schafft in einem berühmten Pariser Restaurant als Koch zu arbeiten, obwohl er… eine Ratte ist. Er hat eben Geschmack und mag keinen Müll. Der berühmte britische Fernsehkoch und Autor Nigel Slater las als Kind Kochbücher wie andere Micky Maus. Der Film *Toast* schildert, wie er seiner Liebe zum Kochen treu bleibt und schließlich ein Top-Profi wird. Eiskalt und leer gefuttert ist die Hütte von Charlie Chaplin, bis auf den Schuh, den er seinem finsteren Kumpel anbietet. Der Kumpel ist angewidert, aber Charlie schmeckt's. Den hungrigen Bären vor der Hütte bemerken sie noch nicht. Katastrophen sind das beste Futter für gute Komödien und *Goldrausch* gehört zu den witzigsten und besten Filmen aller Zeiten.

Auch *der fantastische Mr. Fox* hat fuchstypisch großen Appetit auf Geflügel, obwohl er versprochen hat, Vegetarier zu werden. Soviel sei verraten: Mithilfe der Familie und vieler Freunde gelingt es Mr. Fox, allen das zu servieren, was sie mögen und wogegen sie nicht allergisch sind. Wir hoffen, dass es in Ihrer Küche auch so gut klappen wird. Lassen Sie es sich schmecken.

RATATOUILLE {KOCH: JOHANNES KING} SEITE **158**
GOLDRAUSCH {KOCH: MARCO MÜLLER} SEITE **164**
DER FANTASTISCHE MR. FOX {KÖCHIN: SONJA FRÜHSAMMER} SEITE **170**
TOAST {KOCH: MICHAEL KEMPF} SEITE **176**

„Jeder kann kochen. Jeder, den es interessiert."

Linguini ist ein tollpatschiger Küchenjunge in einem Pariser Feinschmeckerlokal.

{ Linguini }

GREIFT LINGUINI UNTER DIE ARME

{ Anton Ego }
KRITIKER

„Jeder Geschmack ist einzigartig. Aber wenn wir zwei kombinieren, haben wir etwas ganz Neues."

{ Rémy }
TRÄUMT DAVON, CHEFKOCH ZU SEIN

RÜHRT DEN KRITIKER MIT SEINEM RATATOUILLE ZU TRÄNEN

158 RATATOUILLE

RATA-TOUILLE

ANIMATIONSFILM — USA 2007 — 111 MIN.

REGIE: **BRAD BIRD**
PRODUKTION: **PIXAR**

KOCH: **JOHANNES KING**

HAUPTGANG

Gefüllte Gemüsezwiebel mit Grünkernrisotto

DESSERT

Friesischer Brot- und Butterpudding mit Backpflaumenragout

„Essen ist Essen. Es ist Treibstoff für den Motor. Jetzt halt die Klappe und iss deinen Müll", befiehlt der Vater seinem Sohn Rémy. „Wenn man erst einmal den Würgereflex im Griff hat, kann man fast alles essen", stimmt ihm sein Bruder Emile zu. Aber Rémy hat einen sehr guten Geschmackssinn. Deshalb kontert er selbstbewusst: „Wenn man ist, was man isst, möchte ich nur gute Sachen essen", und er träumt davon, Chef in einem großen Pariser Restaurant zu werden. Die Sache hat nur einen winzigen Haken: Rémy ist eine Ratte. In dieser kulinarisch rattenscharfen Geschichte dreht sich alles um die Behauptung eines Jahrhundertkochs, der Paul Bocuse nachempfunden ist: Jeder kann kochen, selbst wenn er eine Ratte ist und Restaurants aus menschlicher Sicht nagetierfreie Zonen sein sollten. Das rasante und witzige Küchenfeuerwerk für die ganze Familie ist ein Plädoyer für guten Geschmack, für Kochen mit Leidenschaft und guten Produkten. Um sich selbst und andere glücklich zu machen. Die Ratte Rémy ist ein genialer Koch; er schafft es sogar, einen verbiesterten Restaurantkritiker zu Tränen zu rühren. Rémy serviert ihm ein einfaches Essen, dass den alten Mann an seine sonnenhelle Kindheit erinnert: Ratatouille. Zwei-Sterne-Koch Johannes King kommt aus einer Familie mit neun Geschwistern, die im Schwarzwald auf einem Bauernhof lebte und Selbstversorger war. Gegessen wurde, was Boden und Tiere hergaben. Das ist lange her, aber den Geschmack seiner Kindheit hat King nicht vergessen. Für ihn ist es, wie Ratatouille, auch ein Gemüsegericht mit der Süße geschmorter Gemüsezwiebeln und einer Füllung aus geschrotetem Grünkern und Kräutern. Zum Nachtisch kredenzt er eine große Kasserolle voll süßem Brotpudding mit Backpflaumenkompott und Vanillesauce oder Vanilleeis. Da bleibt nichts übrig. Garantiert.

GEFÜLLTE Gemüsezwiebel
mit Grünkernrisotto

ZUTATEN
{6 PERSONEN}

6 große Gemüsezwiebeln — 3 EL Kräuter (glatte Petersilie, Schnittlauch, etwas Majoran), fein gehackt
1 Zweig Rosmarin, gehackt — 300 g Grünkern, geschrotet — Butter — 100 ml trockener Apfelsaft
750 ml Gemüse- oder Geflügelbrühe — etwa 50 g Tomatenmark
etwa 150 g alter Gouda, gerieben — 10 Champignons, fein gehackt und in Butter angeschwitzt
Salz — frisch gemahlener Pfeffer — Muskatnuss, frisch gerieben

{1 H + BACKEN}

GEMÜSEZWIEBEL — Die ungeschälten Gemüsezwiebeln im Backofen bei 160 °C etwa 30 Minuten garen. Dann schälen und am oberen Ende einen etwa 2 cm hohen Deckel abschneiden. Zwiebeln aushöhlen. Zwiebelfleisch sehr klein schneiden und mit den Kräutern und Rosmarin mischen. Grünkern in etwas Butter anschwitzen und mit Apfelsaft ablöschen. Mit 500 ml Brühe aufgießen und bei niedrigster Hitze gar ziehen lassen. Grünkern mit dem Zwiebelfleisch vermischen, dann Tomatenmark, Gouda und Champignons unter die Zwiebel-Grünkernmasse mischen und mit Salz, Pfeffer und Muskat abschmecken. Zwiebeln mit der Grünkernmasse füllen. Zwiebeldeckel daraufsetzen und die Zwiebeln in einen Topf stellen. Soviel Gemüsebrühe angießen, dass die Zwiebeln zu einem Drittel bedeckt sind. Im Ofen bei 140 °C etwa 60 Minuten garen. Mit einem kleinen Messer prüfen, ob die Zwiebeln weich sind.

GETRÄNKEEMPFEHLUNG

Schwarzwälder Kirschsaft mit Sprudel für die Jugend, und die erwachsenen Begleitpersonen dürfen sich einen Spätburgunder vom Weingut ZIEREISEN aus Baden einschenken, der auf den südlichen Ausläufern des Schwarzwaldes wächst.

—

„Kau das und konzentrier dich auf den Geschmack."

—

{RÉMY}

GETRÄNKEEMPFEHLUNG

Die Jugend trinkt jetzt schwarze Johannisbeerschorle, während die ältere Generation mit einem toskanischen Vin Santo anstößt.

„Könnte ich Sie heute noch für ein Dessert begeistern?"

{LINGUINI}

„Überraschen Sie mich."

{ANTON EGO}

FRIESISCHER
Brot- und Butterpudding mit
Backpflaumen ragout

ZUTATEN
{4 PERSONEN}

PUDDING — 45 g Butter — 15 g Rosinen, in Schwarztee eingeweicht — 1 Baguette (280 g) 375 ml Milch — 375 ml Sahne — 1 Vanilleschote — 1 Prise Salz — 5 Eier — 160 g Zucker 30 g Aprikosenkonfitüre
BACKPFLAUMENRAGOUT — 18 Backpflaumen — 50 ml Orangensaft — etwas Vanillemark etwas abgeriebene Zitronenschale — 4 kleine Zweige frische Minze
VANILLESAUCE ODER -RAHMEIS — 2 Vanilleschoten — 200 ml Milch — 200 ml Sahne — 5 Eigelb 80 g Zucker — Pumpernickel zum Garnieren

{1 H 15 MIN + BACKEN}

PUDDING — Eine ofenfeste Form mit Butter ausstreichen. Rosinen abtropfen lassen und darin verteilen. Baguette in Scheiben schneiden und leicht überlappend in die Form legen. Milch mit Sahne, Vanilleschote und Salz erwärmen. Eier mit Zucker weißschaumig schlagen und unter die Sahne-Milchmischung rühren. Gut vermengen, kurz erhitzen, dann vorsichtig über die Baguettescheiben gießen. Die Form in ein hohes, mit etwas Wasser gefülltes Backblech stellen. Pudding etwa 40 Minuten im Ofen im Wasserbad pochieren. Aprikosenkonfitüre erwärmen, sodass sie glatt wird. Den garen Pudding mit reichlich Konfitüre bestreichen und warm stellen.

BACKPFLAUMENRAGOUT — Pflaumen entkernen und in kleine Segmente schneiden. In einem Topf anschwitzen, den Orangensaft angießen und zu einem Kompott kochen. Nur leicht mit etwas Vanillemark und wenig Zitronenschale würzen. Das Kompott darf etwas säuerlich sein.

VANILLESAUCE — Vanilleschoten aufschneiden und Mark ausschaben. Milch und Sahne mit dem Vanillemark und den ausgeschabten Schoten aufkochen. Eigelbe mit dem Zucker sehr schaumig schlagen und zu der heißen Vanille-Sahne-Milch geben. Alles gut miteinander verrühren und bei niedriger Hitze „abziehen", d. h. mit dem Kochlöffel solange rühren, bis eine dickliche, sämige Sauce entsteht. Das „Abziehen" der Vanillesauce darf auf keinen Fall zu schnell erfolgen. Wird zu kurz gerührt, bleibt die Sauce zu dünn bzw. das Eis hat nicht die gewünschte Cremigkeit. Wird die Mischung zu lange gerührt, gerinnt das Eigelb und die Sauce bzw. das Eis wird klumpig. Die Masse durch ein Sieb gießen, dabei die Vanilleschoten gut ausdrücken. Die Mischung kalt stellen und in der Eismaschine frieren oder als Vanillesauce verwenden.

ANRICHTEN — Den warmen Brot- und Butterpudding auf Dessertteller mit dem Backpflaumenragout und Vanillesauce bzw. Vanillerahmeis anrichten. Besonders gut passt zum Vanillerahmeis etwas geriebener und frisch gerösteter Pumpernickel – einfach über das Eis streuen – fertig.

Alaska zur Zeit des großen Goldrausches, Traum und Hoffnung der Gescheiterten.

CHARLIE: **CHARLES CHAPLIN**
BIG JIM: **MACK SWAIN**

BIG JIM
„Hä, hä, ich dachte, du seist ein Huhn. Also los, leg Feuer auf. Komm her mein leckeres Vögelchen."

DIE QUALEN DES HUNGERS TREIBEN CHARLIES KUMPEL BIG JIM IN DEN WAHNSINN

{ Charlie }
feiert halb verrückt vor Hunger das Erntedankfest mit einem gekochten Schuh.

164 GOLDRAUSCH

GOLDRAUSCH

The Gold Rush

HAUPTGANG

Knusprige Poulardenbrust, gebratener Romanasalat, Parmesannuggets, Orangensauce

DESSERT

Bananen-Schokoladen-Pancake, Erdbeersalat

KOMÖDIE — USA 1925 — 96 MIN.

REGIE UND PRODUKTION: **CHARLIE CHAPLIN**

KOCH: **MARCO MÜLLER**

Der Goldsucher Charlie sitzt mit seinem Kumpel Big Jim in einer einsamen Hütte im meterhohen Schnee fest. Beide werden von wahnsinnigem Hunger geplagt. Charlie hat seinen Schuh gekocht und tranchiert ihn wie ein Hähnchen. Er ist immerhin einigermaßen weich. Das Oberleder fordert sein finster blickender Tischnachbar. Charlie bleiben die Sohle mit den Schuhnägeln und die Schnürsenkel. Die Senkel dreht er wie Spaghetti elegant um die Gabel. Mmmh, sehr lecker. Und die Schuhnägel? Sorgfältig abnagen, wer weiß, wann es wieder so etwas Köstliches gibt. Doch Big Jim schmeckt es nicht. Er schaut voller Appetit zu seinem Nachbarn und hat eine Halluzination. Charlie verwandelt sich in ein Huhn. Big Jim läuft das Wasser im Munde zusammen. Er wetzt das Messer... Seit 1925 lieben Menschen auf der ganzen Welt *Goldrausch*. Mit Szenen wie dem berühmten Brötchentanz oder der kippelnden Hütte am Rande des Abgrunds bringt er Dreijährige genauso zum Lachen wie deren Großeltern. Und manch einer verdrückt auch eine Träne über Charlies große Liebe zum Saloon-Girl Georgia. „Mit diesem Film möchte ich in Erinnerung bleiben", sagte Charles Chaplin. Das ist ihm gelungen, denn der *Goldrausch* gehört bei zahlreichen Kritikern zu den besten 100 Filmen aller Zeiten. Was die New York Times 1925 schrieb, gilt noch heute: „eine Komödie voller Poesie, Pathos und Zärtlichkeit, gepaart mit Derbheit und Wildheit." Hunger nach Gold und Hunger auf Essen, darum geht es in diesem Film immer wieder. Der Sternekoch Marco Müller möchte Big Jims Essenswunsch erfüllen und hat ein Hähnchenmenü zusammengestellt, das hungrige Goldsucher zufriedenstellen kann: Knusprige Poulardenbrust, Salat, wegen der lange entbehrten Vitamine, und goldene Nuggets mit viel Parmesan. Da ist es endlich: das Gold.

GETRÄNKEEMPFEHLUNG

Für junge Goldsucher eine goldene Apfelschorle. Ältere Schatzsucher können mit einem Piesporter Goldtröpfchen vom Weingut **JULIAN HAART** oder dem Weingut **REINHOLD HAART** an der Mosel fündig werden.

KNUSPRIGE
Poulardenbrust
gebratener Romanasalat, Parmesannuggets
ORANGENSAUCE

ZUTATEN
{ 4 – 6 PERSONEN }

POULARDENBRUST — 4 Poulardenbrustfilets am Knochen (à 250–300 g), mit Haut — 1 EL Olivenöl — 1 EL Butter — 2 Zweige Rosmarin — grobes Meersalz — frisch gemahlener grüner Pfeffer
ROMANASALAT — 2 sehr kleine Köpfe Romanasalat — 1 EL Distelöl — 30 ml Bratensaucenfond — 2 EL Sherryessig — Meersalz — Muskatnuss, frisch gerieben — Hanfsaat, frisch geröstet
ORANGENSAUCE — 1 l Orangensaft — 1 l Geflügelfond — 2 Schalotten, fein gewürfelt — 1 Knoblauchzehe, fein gewürfelt — 1 EL Nussbutter (erhitzte, gebräunte Butter) — 80 ml Weißwein oder Apfelsaft — 2 g Safran — je 2 Zweige bzw. Stängel Thymian, Rosmarin und Basilikum — Meersalz — geröstete Koriandersaat, gemahlen — 1 EL Honig
PARMESANNUGGETS — 60 g Parmesan — 55 g japanisches Panko-Paniermehl (alternativ anderes Paniermehl) — 45 g weiche Butter — 105 g Quark, abgetropft — 3 TL Mehl — Meersalz — frisch gemahlener Pfeffer — Muskatnuss, frisch gerieben — Fett zum Ausbacken
Kapern und Wildkräuter zum Anrichten

{ 1 H 30 MIN + REDUZIEREN & KÜHLEN }

„Noch nicht ganz durch, kann noch zwei Minuten ziehen."

{ CHARLIE }

„Mach schon."

{ BIG JIM }

POULARDENBRUST — Backofen auf 180 °C vorheizen. Filets in einer Pfanne in Olivenöl auf der Hautseite goldbraun anbraten. Dann 3 Minuten in der Pfanne in den Ofen schieben, wenden und 1 Minute auf dem Herd weitergaren. Wiederum wenden und je nach Dicke weitere 3 Minuten im Ofen garen. Die Filets aus der Pfanne nehmen und auf das Ofengitter legen. Bei leicht geöffneter Ofentür 5 Minuten ruhen lassen. Nochmals in der Pfanne erhitzen, Butter und Rosmarin zugeben, salzen und pfeffern. Das Fleisch soll knusprig gebraten, aber innen saftig sein. Vom Knochen schneiden und portionieren.
ROMANASALAT — Salatköpfe waschen, trocknen und halbieren. Kurz in eine sehr heiße Pfanne geben, leicht anrösten und erst dann Öl zugeben. Mit dem Saucenfond ablöschen, aufkochen und den Fond etwas einkochen. Mit Essig, Salz und Muskat abschmecken und mit Hanfsaat bestreuen.
ORANGENSAUCE — Orangensaft auf 100 ml, Geflügelfond auf 50 ml einkochen. Schalotten und Knoblauch in Nussbutter farblos anschwitzen. Mit Weißwein oder Apfelsaft ablöschen und köcheln lassen, bis der Alkohol verdampft ist. Safran dazugeben. Orangensaft und Geflügelfond angießen und die Flüssigkeit wieder auf 100 ml reduzieren. Kräuter zugeben und 10 Minuten in der Sauce ziehen lassen. Mit Meersalz, Koriander und Honig abschmecken. Durch ein Sieb abgießen und mit einem Stabmixer aufschäumen.
PARMESANNUGGETS — Parmesan, Paniermehl, Butter, Quark und Mehl gut durchmixen. Mit Salz, Pfeffer und Muskat abschmecken und die Masse 30 Minuten kalt stellen. Mit zwei befeuchteten Löffeln glatte Nocken formen. Fett auf 180 °C erhitzen und die Nocken goldbraun ausbacken. Die Kapern ebenso kurz ausbacken.
ANRICHTEN — Die Poulardenbruststücke auf Teller verteilen. An die Seite den Romanasalat setzen. Parmesannuggets dazulegen. Mit Orangensauce beträufeln. Mit Wildkräutern und gebackenen Kapern garnieren.

GETRÄNKEEMPFEHLUNG

Erdbeersaftschorle für die jungen Filmfans und die älteren Gold-Digger laben sich an einer Auslese des Goldtröpfchens aus Piesport an der Mosel.

Bananen Schokoladen Pancake
ERDBEERSALAT

ZUTATEN
{9 STÜCK}

PANCAKES — etwa 150 g Mehl — 2 TL Backpulver — 1 TL Natron — ½ TL Salz
3 EL Zucker — 2 große Eier — etwa 250 ml Buttermilch — 2 Bananen, gewürfelt
— 4 EL Zartbitterschokolade, geraspelt — 4 TL geklärte Butter
ERDBEERSALAT — 500 g frische Erdbeeren, in Stücke geschnitten — 1 Limone — 5 ml Limonensaft
25 g brauner Zucker — 1 Stange Zimt — 2 EL Pinienkerne, frisch geröstet
Blätter von 2 Stängeln Basilikum, in feine Streifen geschnitten — 3 EL fruchtiges natives Olivenöl

{45 MIN}

PANCAKES — Alle Zutaten bis auf die Butter verrühren, sodass ein sämiger Teig ohne Klumpen entsteht. Eine kleine beschichtete Pfanne mit etwa 15 cm Durchmesser mit geklärter Butter ausstreichen. Die Butter bei niedriger Hitze erhitzen, bis sie Bläschen bildet. Eine kleine Kelle Teig in die Pfanne geben und darin gleichmäßig verteilen. Langsam den Pancake ausbacken, bis er aufgeht. Dann wenden und weiter bei niedriger Hitze zu einem superfluffigen Pancake backen. Auf Küchenpapier abtropfen lassen. Den restlichen Teig ebenso ausbacken, bei Bedarf die Pfanne wieder mit Butter ausstreichen.
ERDBEERSALAT — Die Erdbeeren sollen gut gekühlt sein, damit sie frisch bleiben. Schale von der Limone mit einem Zestenreißer oder einem Messer abschälen und in Streifen schneiden. Limone filetieren, Saft dabei auffangen. Die Filets in 10 g Zucker einlegen. Zimtstange kurz in eine Flamme halten. Limonenfilets, -schale und -saft mit Erdbeeren, Pinienkernen, Basilikum und Olivenöl vermischen. Je nach Säuregehalt der Erdbeeren mit etwas Zucker nachsüßen. Zimtstange dazugeben und den Erdbeersalat 5 Minuten ziehen lassen. Zimtstange vor dem Servieren wieder entfernen.
ANRICHTEN — Pancakes mit dem Erdbeersalat anrichten und servieren.

—
„Soll ich noch einen Schuh in den Topf tun?"
—
{CHARLIE}

—
„Nein, nein, alles, nur das nicht."
—
{BIG JIM}

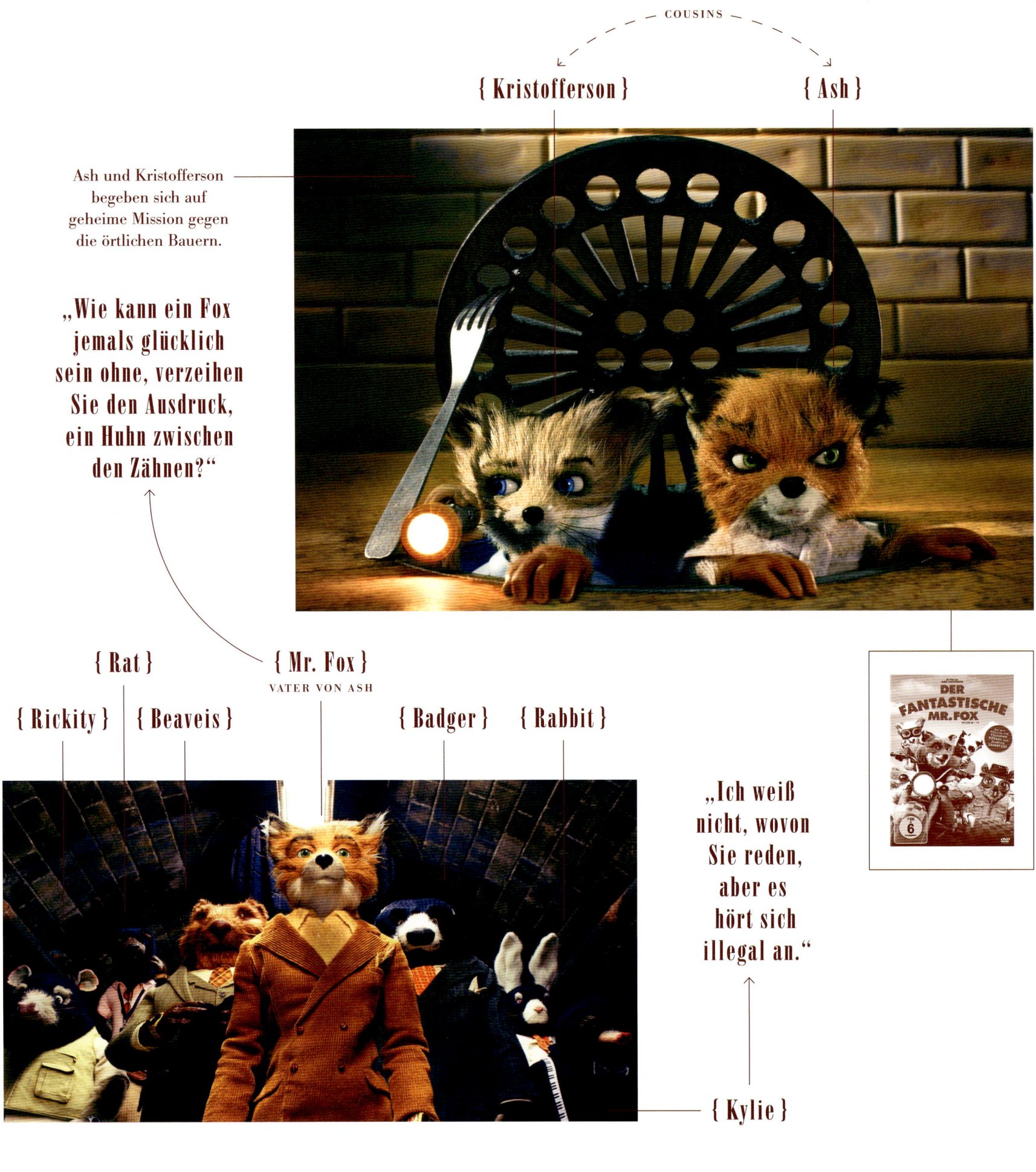

COUSINS

{ Kristofferson }   { Ash }

Ash und Kristofferson begeben sich auf geheime Mission gegen die örtlichen Bauern.

„Wie kann ein Fox jemals glücklich sein ohne, verzeihen Sie den Ausdruck, ein Huhn zwischen den Zähnen?"

{ Rickity }   { Rat }   { Beaveis }   { Mr. Fox }
VATER VON ASH
{ Badger }   { Rabbit }

„Ich weiß nicht, wovon Sie reden, aber es hört sich illegal an."

{ Kylie }

170   DER FANTASTISCHE MR. FOX

Der fantastische Mr. FOX

Fantastic Mr. Fox

STOP-MOTION-ANIMATIONSFILM — USA 2009 — 87 MIN.

REGIE UND PRODUKTION: WES ANDERSEN

KÖCHIN: SONJA FRÜHSAMMER

HAUPTGANG

Variationen vom Hähnchen

DESSERT

Apfel-Ingwer-Muskatnuss-Taler

Mr. Fox lebt mit Frau Felicity und Sohn Ash in einem gemütlichen Fuchsbau und führt ein trautes Familienleben. Nachdem er seiner Frau zuliebe das Hühnerstehlen aufgegeben hat, arbeitet er als Kolumnist für eine Tageszeitung. Seine Ernährungsgewohnheiten hat er allerdings nicht vollständig geändert. Zu den Pancakes, die er in Sekundenschnelle geräuschvoll verputzt, gibt es keinen Ahornsirup, sondern Cockscomb Jelly und Gosling Jam. Hahnenkamm-Gelee und Gänseküken-Marmelade. Mr. Fox steckt in einem Konflikt. Einerseits ist er immer noch das Raubtier, andererseits versucht er, ein fürsorglicher Vater und Gatte zu sein, der seine Familie nicht wieder in Gefahr bringen möchte. Er trägt elegante Anzüge, drückt sich gewählt aus, ist schlau und schlagfertig, aber der Appetit auf Hühner ist ihm nicht vergangen. Zusammen mit dem etwas seltsamen, aber sehr treuen Opossum geht er wieder auf Diebestour und bestiehlt die Großfarmer in seiner Wohngegend. Das füllt zwar den Kühlschrank mit Hühnern, bringt aber auch die Familie in Gefahr. Die Bauern rüsten zum Gegenschlag und wollen Mr. Fox und seinen Freunden das Handwerk legen. Aber das einzige, was sie von ihm erwischen, ist sein Schwanz. Sein Sohn Ash, den Mr. Fox bis jetzt nicht so toll fand, versucht das Hinterteil seines Vaters mithilfe seines Cousins, den Ash wiederum bis jetzt nicht so toll fand, zurückzuholen. In diesem detailreichen, fantastisch ausgestatteten Trickfilm für Kinder und Erwachsene erzählt Wes Andersen mit anarchischem Humor ein Gleichnis. „Ich weiß, wie es ist, anders zu sein", sagt Mrs. Fox zu ihrem Sohn, „du bist es auch. Wir alle sind es." Wer will ihr da widersprechen? Auch Starköchin Sonja Frühsammer kann von den Hühnern nicht lassen und hat sich für Kinder und Erwachsene drei fantastische Fingerfood-Variationen vom Hähnchen ausgedacht. Dazu gibt es ausgefuchst leckere Dips. Als Dessert werden Apfelkekse gebacken, die kleine Füchse in Sekundenschnelle vernaschen werden. Mr. Fox wünscht viel Spaß bei der Fuchsparty.

GETRÄNKEEMPFEHLUNG

Für kleine Füchse gibt es Fuchsbrause, gemixt aus rotem Beerensaft und Quellsprudel und, wer mag, etwas Gingerale.

Mr. Fox und Frau feiern gerne mit Perlwein wie dem fuchsiafarbenen **BOUVET-LADUBAY**, Cuvée Trésor Rosé Brut.

VARIATIONEN vom Hähnchen

ZUTATEN
{8–12 KLEINE FÜCHSE ODER 6 AUSGEWACHSENE}

SATÉSPIESSE — 400 g Hähnchenbrust — 1 Knoblauchzehe — 2 Stängel Koriander — 1 Stück Ingwer (4 cm) — 1 Stange Zitronengras — 1–2 TL Madras Curry — 1 EL helle Sojasauce — Chili, gemahlen (nach Belieben) — Ahornsirup — 10 ml Erdnussöl
CORNFLAKES-HÄHNCHEN — 1 Hähnchen — 100 g frisches Toastbrot — 100 g Cornflakes — 2 Eier — 2 EL Sahne — 100 g Mehl — Pflanzenöl
REMOULADE — 1 Eigelb — 1 TL Senf — 100 ml Pflanzenöl — 150 g Naturjoghurt — 1 TL Kapern — 2 Gewürzgurken, fein gehackt — ¼ frische Salatgurke, fein gehackt — ¼ frischer Apfel, gehackt — Petersilie und Schnittlauch, frisch gehackt — Salz — frisch gemahlener Pfeffer — 1 Prise Zucker
MARINIERTES HÄHNCHEN — 1 Hähnchen — 3 EL Tomatenmark — je 2 Zweige Rosmarin und Thymian, gehackt — Ingwer, gemahlen — Chili, gemahlen (nach Belieben) — 2 EL Ahornsirup — 2 EL helle Sojasauce — 1 Knoblauchzehe, gehackt — 50 ml Rapsöl
KETCHUP — 80 ml Cola — 2 EL Tomatenmark — 2 EL Pflaumenmus — 1 Prise Salz — 1½ EL Himbeeressig

{2 H + MARINIEREN & BACKEN}

SATÉSPIESSE — Hähnchenbrust von der Haut befreien und entgegen der Faser in Scheiben schneiden. Knoblauch, Koriander, Ingwer und Zitronengras hacken und im Mörser mit Curry, Sojasauce, Chili nach Belieben und etwas Ahornsirup zu einer Paste verarbeiten. Hähnchenscheiben mit der Paste bestreichen, auf Spieße stecken und mindestens 2 Stunden marinieren. Eine Pfanne erhitzen, etwas Öl hineingeben und die Spieße darin goldbraun braten.
CORNFLAKES-HÄHNCHEN — Hähnchen in 4 Teile zerlegen. Keulen am Gelenk abtrennen. Brustfilets halbieren und die Haut entfernen. Toastbrot im Mixer fein zerkleinern. Cornflakes nur kurz anmixen, damit sie grobstückig bleiben. Toastbrösel und Cornflakes mischen. Eier und Sahne verquirlen. Hähnchenteile erst im Mehl wenden, dann durch die Ei-Sahnemischung ziehen, danach mit der Toast-Cornflakesmischung panieren. Sofort in heißem Öl schwimmend ausbacken.
REMOULADE — Aus Eigelb, Senf und Öl eine Mayonnaise herstellen. Joghurt, Kapern, Gewürzgurken, Salatgurke, Apfel und gehackte Kräuter unterrühren. Mit Salz, Pfeffer und Zucker abschmecken. Die Remoulade zum Cornflakes-Hähnchen servieren.
MARINIERTES HÄHNCHEN — Hähnchen vierteln, Keulen an den Gelenken teilen. Brustfilets halbieren. Für die Marinade Tomatenmark, gehackte Kräuter, Ingwer, Chili nach Belieben, Ahornsirup, Sojasauce, Knoblauch und Rapsöl gut verrühren. Die Hähnchenteile in der Marinade 12 Stunden ziehen lassen. Auf ein Backblech geben und im Backofen bei 200 °C in etwa 30 Minuten kross backen.
KETCHUP — Cola etwas einkochen lassen, dann mit den restlichen Zutaten und 100 ml Wasser vermischen und abschmecken. Das Ketchup am besten warm zu den Hähnchenteilen servieren.

DIE KÖCHE VON MORGEN **173**

GETRÄNKEEMPFEHLUNG

Wenn die alten Füchse genug geschäumt haben, wird ein Muskattrollinger Rosé trocken vom schwäbischen Weingut SCHNAITMANN geöffnet, der auch super zu den Keksen passt.

„Wenn ich glaube, dass es ist, was es ist, möchte ich nicht, dass es das ist."

{MRS. FOX}

APFEL
Ingwer-Muskatnuss
Taler

ZUTATEN
{8–12 KLEINE FÜCHSE ODER 6 AUSGEWACHSENE, CA. 20 ST.}

2 Äpfel (Elstar) — 250 g Butter, zimmerwarm — 100 g Zucker — 2 g Salz
2 g Muskatnussblüte, gemahlen — 10 g Ingwer, frisch gerieben — Schale von 1 Zitrone, in feine Streifen geschnitten — 1 Ei — 320 g Mehl — brauner Zucker nach Bedarf — Apfelgelee

{1 H}

TALER — Äpfel waschen, Kerngehäuse ausstechen und in dünne Ringe schneiden. Backofen auf 160 °C vorheizen. Butter mit Zucker, Salz, Muskatblüte, Ingwer und Zitronenschale mit einem Handrührgerät gut verrühren. Unter Rühren das Ei hinzugeben. Mehl sieben und nach und nach unter den Teig heben. Teig etwa 1 cm dick ausrollen. Runde Kekse ausstechen, die etwas größer als die Apfelringe sind und auf Backpapier legen. Apfelringe auf die Plätzchen legen und mit etwas braunem Zucker bestreuen. Apfel-Ingwer-Muskatnuss-Taler im Ofen etwa 15 Minuten goldbraun backen, dann auskühlen lassen. Mit Apfelgelee bestreichen und servieren.

Mrs. Potter und Nigel liefern sich einen Kochkrieg.

> Das ist die beste Zitronen-Baiser-Torte, die du je gegessen hast. Also wenn ich du wäre, würde ich aufgeben.
> MRS. POTTER

> Was haben Sie genommen, damit sie so locker wird?
> NIGEL

> Besorg dir dein eigenes Rezept!
> MRS. POTTER

{ Mrs. Potter } { Nigel }

HASSEN SICH

{ Nigel }

„Auf das, was man nie bekommt, kriegt man irgendwann Heißhunger."

NIGEL (ALS KIND):
OSCAR KENNEDY
NIGEL:
FREDDIE HIGHMORE
JOAN POTTER:
HELENA BONHAM CATER

TOAST

BIOGRAFIE — GROSSBRITANNIEN 2010 — 96 MIN.

REGIE: **S.J. CLARKSON**
PRODUKTION: **RUBY FILMS**

KOCH: **MICHAEL KEMPF**

VORSPEISE

Pochiertes Bio-Landei, Kraut und Rüben

HAUPTGANG

Kabeljau mit Röstzwiebelkruste, Kartoffelrisotto, Kressetapioka

DESSERT

Karamellisierte Zitronentarte, Piña-Colada-Schaum und Ananassalat

---

Auch in den 1950er Jahren stehen die Süßigkeiten neben der Kasse und lassen Kinderaugen leuchten. Der Verkäufer öffnet ein großes Glas, und der neunjährige Nigel darf sich ein Bonbon herausnehmen. Nachkriegszeit in England. Man kann sich wieder etwas leisten, aber gegessen wird, was auf den Tisch kommt. Nigels Mutter kocht schlecht, obwohl sie es ihrem Sohn zuliebe immer wieder versucht. Aber es misslingt ihr sogar, Konservendosen im Wasserbad zu erhitzen. Am Ende ist der Topf verkohlt, und es gibt mal wieder Toast zu essen. Trotzdem verzeiht er seiner Mutter alles, denn „es ist unmöglich, jemanden nicht zu lieben, der leicht angebrannten Toast mit salziger Butter zubereiten kann", findet er. Nichts interessiert Nigel mehr als das Kochen, er liest nachts mit Taschenlampe unter der Bettdecke Kochbücher. Seine Eltern versucht er mit selbst zubereiteten exotischen Speisen wie Spaghetti Bolognese zu beglücken. Das Essen endet als Desaster. Er gibt aber nicht auf. Kochen wird sein Lebensinhalt. Als seine Mutter schwer krank wird und stirbt, ist er mit dem cholerischen Vater allein. Wenn die Trauer um seine Mutter zu groß wird, macht er sich einen leicht verbrannten Toast mit Butter. Sein Vater bandelt mit der neuen Putzfrau an, die ihn mit ihren Kochkünsten verführt und sich mit Nigel einen Kochkrieg liefert. Er hasst sie aus tiefstem Herzen. Das Jugend-Drama *Toast* beruht auf der sehr bewegenden Autobiografie des berühmten englischen Fernseh-Kochs Nigel Slater. In ihr beschreibt er, wie sehr das Essen seiner Kindheit sich mit Bildern und Gefühlen verknüpfte: Denkt man an bestimmte Produkte oder Markennamen, rasseln unwillkürlich Assoziationsketten. Ein Film nicht nur für kochende Kinder und angehende Köche, sondern das Kind in uns. In der Küche der Familie Slater geht eine Menge schief. Sternekoch Michael Kempf gibt uns die Gelegenheit, es besser zu machen. Er serviert deshalb zum Landei keinen angebrannten Toast, sondern Kraut und Rüben. Den Kabeljau nehmen wir nicht nach einer halben Stunde aus dem Ofen, sondern nach zehn Minuten. Die üppige Zitronentorte der Stiefmutter spielt eigentlich die Hauptrolle im Film – Michael Kempfs Zitronentarte ist etwas schlanker.

GETRÄNKEEMPFEHLUNG

Den heranwachsenden Köchen von Morgen empfehlen wir, im Mixer einen Cocktail aus frischer Gurke, etwas Kefir und Mineralwasser, abgeschmeckt mit Salz, wenig Piment d'Espelette und Melisseblättern, zuzubereiten.

Die reifere Generation wird den Grauburgunder Vitus vom Weingut **DR. HEGER** am Kaiserstuhl lieben.

—

„Wenn ich Mitarbeiter einstelle, merke ich sofort, ob sie vom Land oder aus der Stadt kommen."

—

{ MICHAEL KEMPF }

POCHIERTES
Bio-Landei
Kraut und Rüben

ZUTATEN
{ 4 PERSONEN }

KÜRBISKERN-ERDE — 50 g Kürbiskerne — 10 g Zucker — 5 g Meersalz — 10 g gesalzene Butter
KÜRBISRÖLLCHEN — ½ Hokkaido-Kürbis, mit Schale — 1 EL Rapsöl — Meersalz
EMULSION VON ROTE BETE UND STECKRÜBE — 100 g Steckrübe — 100 g Rote Bete
2 Schalotten, fein geschnitten — 1 Knoblauchzehe, fein geschnitten — 1 Lorbeerblatt — 400 ml Gemüsebrühe
2 EL Rapsöl — 1 EL Pistazienöl, geröstet — Meersalz
STECKRÜBENCREME — 400 g Steckrübe — 100 g Karotte — 4 Schalotten — 1 Knoblauchzehe
3 EL Rapsöl — etwa 200 ml helle Gemüsebrühe — Meersalz — 80 g Butter — mildes Currypulver
Ingwer, fein gerieben — Saft und Schale von 1 Zitrone
SPITZKOHLSALAT — ½ Spitzkohl — 1 EL Champagneressig — 1 EL Rapsöl
1 EL Haselnussöl — Meersalz — frisch gemahlener weißer Pfeffer — 1 EL Speckwürfel, ausgelassen
POCHIERTE EIER — 4 Bio-Eier — Meersalz
GARNITUR — 12 Mini-Rote-Bete mit etwas Rote-Bete-Saft — Butter und Meersalz, glasiert
grobes Meersalz

{ 2 H 30 MIN + MARINIEREN }

KÜRBISKERN-ERDE — Kürbiskerne rösten. Zucker, Salz und Butter in einer Pfanne karamellisieren. Kürbiskerne dazugeben und bei niedriger Hitze kandieren. Abkühlen lassen und sehr fein mixen.
KÜRBISRÖLLCHEN — Kürbis waschen, ungeschält in 12 dünne Scheiben schneiden und in Rapsöl anbraten. Scheiben salzen und aufrollen.
EMULSION VON ROTE BETE UND STECKRÜBE — Steckrübe schälen, in Scheiben schneiden und in einer Grillpfanne bräunen. Danach klein schneiden. Rote Bete waschen, bürsten und ungeschält klein würfeln. Steckrübe, Rote Bete und die anderen Zutaten, bis zur Gemüsebrühe, in einen Topf geben, die Brühe angießen und bei niedriger Hitze um die Hälfte einkochen. Durch ein Mulltuch abgießen. Kurz vor dem Servieren die Öle einmixen und die Emulsion mit Salz abschmecken.
STECKRÜBENCREME — Steckrübe, Karotte, Schalotten und Knoblauch schälen, fein würfeln und in Öl glasig anschwitzen. Mit Gemüsebrühe ablöschen, salzen und in einem Topf zugedeckt weich garen. Die Masse mit der Butter sehr fein pürieren. Bei Bedarf noch etwas Gemüsebrühe dazugeben. Mit Curry, Ingwer, Zitronensaft und -schale abschmecken.
SPITZKOHLSALAT — Spitzkohl waschen und in dünne Streifen schneiden. Essig und Öle mit Salz und Pfeffer zu einer Marinade verrühren. Darin den Spitzkohl und die Speckwürfel mindestens 1 Stunde abgedeckt im Kühlschrank ziehen lassen. Mit Salz und Pfeffer abschmecken.
POCHIERTE EIER — Wasser bis zum Siedepunkt erhitzen, simmern lassen und salzen. Jeweils nur ein Ei in eine Tasse schlagen und mit einer sanften Bewegung behutsam ins Wasser gleiten lassen und 2 Minuten pochieren. Vorsichtig herausnehmen.
ANRICHTEN — Steckrübencreme mittig in vorgewärmten, tiefen Tellern anrichten. Daneben jeweils Kürbisröllchen und glasierte Mini-Rote-Beten legen. Spitzkohlsalat auf der Steckrübencreme verteilen und das pochierte Ei daraufsetzen und salzen. Kürbiskern-Erde über das Ei streuen und etwas Rote-Bete-Emulsion angießen.

DIE KÖCHE VON MORGEN **179**

Kabeljau mit Röstzwiebelkruste
Kartoffelrisotto
KRESSETAPIOKA

ZUTATEN
{4 PERSONEN}

KARTOFFELRISOTTO — 700 g Kartoffeln (Sorte Moor Sieglinde) — 4 Schalotten — 2 Knoblauchzehen — 80 g Butter — 100 ml trockener Weißwein — 600 ml Gemüsebrühe — ½ Lorbeerblatt — Meersalz — Piment d'Espelette (alternativ Chilipulver)
KABELJAU MIT RÖSTZWIEBELKRUSTE — 600 g Kabeljaufilet — 100 g Butter — 2 Eigelb — 2 EL Röstzwiebeln, fein gehackt — 1 EL Semmelbrösel — Meersalz — weißer Pfeffer — Senfsaat, geröstet und gemahlen — 2 Zweige Liebstöckel — Mehl — Olivenöl
TAPIOKA MIT GARTENKRESSE — 2 EL feine Tapiokaperlen (Stärkekügelchen, Asialaden) — 200 ml heißer, kräftiger Fischfond — 1 Prise Safranpulver — Meersalz — weißer Pfeffer — Piment d'Espelette — 1 Kästchen Gartenkresse — 1 EL Olivenöl
GARNITUR — ½ Schale Gartenkresse — grobes Meersalz

{1 H 20 MIN + KÜHLEN}

„Im Hauswirtschaftsunterricht habe ich die ersten Kochversuche gemacht. Das hat mir gut gefallen."

{MICHAEL KEMPF}

KARTOFFELRISOTTO — Kartoffeln schälen und in sehr feine Würfel schneiden. Schalotten und Knoblauch schälen, sehr fein würfeln und in der Butter andünsten. Kartoffeln dazugeben und mitdünsten. Mit dem Weißwein ablöschen. Heiße Gemüsebrühe nach und nach unter ständigem Rühren dazugießen und die Kartoffeln wie ein Risotto sämig kochen. Lorbeerblatt dazugeben. Die Kartoffelwürfel sollten zum Schluss noch Biss und das Risotto eine cremige Bindung haben. Mit Salz und Piment d'Espelette abschmecken.

KABELJAU MIT RÖSTZWIEBELKRUSTE — Haut von den Fischfilets entfernen. Butter cremig rühren. Dann nach und nach Eigelbe, Röstzwiebeln und Semmelbrösel unterrühren. Mit Salz, Pfeffer und Senfsaat abschmecken. Liebstöckel waschen, trocknen, in sehr feine Streifen schneiden und unter die Buttermasse rühren. Buttermasse in eine mit Klarsichtfolie ausgelegte, rechteckige Kastenform pressen und mindestens 2 Stunden kühl stellen. Backofen auf 200 °C (Oberhitze) vorheizen. Kabeljaufilet in 4 Stücke portionieren, leicht bemehlen und von allen Seiten in etwas Olivenöl goldbraun anbraten. Filets auf ein Backblech geben. Röstzwiebelbutter in dünne Scheiben schneiden und den Kabeljau damit belegen. Fisch im Ofen goldgelb bräunen. Vom Backblech nehmen und mit Meersalz würzen.

TAPIOKA MIT GARTENKRESSE — Tapiokaperlen in nicht gesalzenem Wasser etwa 2 Minuten blanchieren. Durch ein Sieb gießen und direkt in den heißen, aber nicht kochenden Fischfond geben. Safran dazugeben und mit Salz, Pfeffer und Piment d'Espelette abschmecken. Gartenkresse fein abschneiden und mit dem Olivenöl zur Tapioka geben.

ANRICHTEN — Kartoffelrisotto in vorgewärmte, tiefe Teller geben. Kabeljau auf das Risotto legen. Tapiokaperlen um das Risotto herum verteilen. Mit Gartenkresse garnieren und servieren.

GETRÄNKEEMPFEHLUNG

Die jungen Köche und Autofahrer trinken eine Ananassaft-Schorle und die reifere Generation eine gereifte Spätlese von der Mosel, zum Beispiel von **WILLY SCHÄFER** aus Graach.

Karamellisierte Zitronentarte

PIÑA-COLADA-SCHAUM UND ANANASSALAT

ZUTATEN
{4 PERSONEN}

MÜRBETEIG — 250 g Mehl — 90 g Puderzucker — 125 g kalte Butter — 1 Ei — Mark von 1 Vanilleschote, ausgekratzt

ZITRONENROYALE — 4 Eier — 150 g Zucker — Saft von 4 Zitronen — abgeriebene Schale von 1 Zitrone — Saft von ½ Orange — 125 ml Sahne — brauner Zucker zum Anrichten

ANANASSALAT — 1 Ananas — 100 g Puderzucker — 30 g Akazienhonig — Saft und Kerne von 1 Passionsfrucht — 1 EL Minzeblätter

PIÑA-COLADA-SCHAUM — 100 ml Kokosmilch — 100 ml Ananassaft — 50 ml Sahne — 50 ml Rumaroma — 1 Msp. Kaltsaftbinder

{1 H 15 MIN + BACKEN}

MÜRBETEIG — Mehl, Puderzucker, Butter, Ei und Vanillemark schnell zu einem glatten Teig verkneten. In Klarsichtfolie einwickeln und mindestens 30 Minuten im Kühlschrank ruhen lassen. Teig 3 mm dick ausrollen und damit eine gebutterte und bemehlte Tarteform (26–28 cm Durchmesser) auskleiden. Auf den Teig Backpapier legen, mit Hülsenfrüchten (z. B. getrocknete Linsen oder Erbsen) beschweren und im Ofen bei 180 °C etwa 10 Minuten blindbacken. Backpapier und Hülsenfrüchte entfernen und den Teig im Ofen bei gleicher Temperatur fertig backen. Aus dem Ofen nehmen und auskühlen lassen.

ZITRONENROYALE — Alle Zutaten mit einem Pürierstab kräftig verrühren. Die Zitronenroyale bis 2 mm unter dem Teigrand auf den vorgebackenen Tarteboden gießen. Die Tarte bei 120 °C im Ofen in etwa 30 Minuten fertig backen, bis die Royal fest wird. Anschließend bis zum Servieren kalt stellen.

ANANASSALAT — Ananas schälen und das Fruchtfleisch in feine Würfel schneiden. Puderzucker und Honig sowie etwas Ananasfruchtfleisch mit einem Pürierstab pürieren und durch ein Sieb streichen. Ananassauce und Passionsfruchtsaft über die Ananaswürfel geben und diese marinieren. Minze in feine Streifen schneiden und mit den Passionsfruchtkernen unterrühren.

PIÑA-COLADA-SCHAUM — Kokosmilch, den Ananassaft, Sahne, Rumaroma und Kaltsaftbinder gut mit dem Pürierstab mixen und in einen Sahnesiphon (Espumaflasche) füllen. 2 Patronen einsetzen und kühl stellen.

ANRICHTEN — Die kalte Tarte in Portionen schneiden, mit braunem Zucker bestreuen und mit einem Bunsenbrenner karamellisieren. Tartestücke mit dem Ananassalat auf Tellern anrichten. Piña-Colada-Schaum daneben sprühen.

REGISTER DER KÖCHE

ANDONI ADURIZ

** Guide Michelin
seit 2006 unter den Top Ten der
besten Restaurants der
Welt (Restaurant Magazin)
Eckart Witzigmann Preis 2006
Restaurant Mugaritz
Gipuzkoa / Errenteria
WWW.MUGARITZ.COM

Andoni Aduriz entwickelte aus der reichen Tradition der baskischen Küche einen modernen Kochstil des Weglassens. So entstehen extrem reduzierte Gerichte. Entsprechend hoch ist der Anspruch an die Produktqualität, die Zubereitung und die Präsentation. Aduriz verbindet das Kochen auch mit Künsten außerhalb der Küche: „Mir geht es darum, weiterzugehen, die Frage zu stellen, was ist der Wert des Menschen, die Kreativität, die Logik, Schönheit zu schaffen und die Grenzen zu verschieben."

FILM:
MUGARITZ B.S.O.

BOBBY BRÄUER

* Guide Michelin,
18 Punkte Gault Millau,
„Koch des Jahres",
Gault Millau Österreich, 2012
Restaurant EssZimmer BMW Welt
Am Olympiapark 1 80809 München
WWW.BMW-WELT.COM

Bobby Bräuers jüngstes Restaurant EssZimmer im dritten Obergeschoss der BMW Welt ist Münchens neue Gourmet-Adresse. Bräuers Maxime lautet nach wie vor: „Ich liebe es, neue Geschmackskombinationen zu kreieren, aber dabei darf nie der Eigengeschmack der Produkte verloren gehen. Es gibt so viele Zubereitungsmöglichkeiten ohne den prägenden Geschmack der einzelnen Zutaten zu zerstören."

FILM:
DER DISKRETE CHARME DER BOURGEOISIE

EDWARD ESPE BROWN

Zen-Priester
Buddhistisches Zentrum Scheibbs
Ginselberg 12
3270 Scheibbs/Neustift
Österreich
WWW.BZS.AT

Edward Espe Brown begann mit dem Kochen und der Zen-Praxis im Jahre 1965 und wurde 1971 zum Priester geweiht. Er war leitender Lehrer und Mitglied in allen Zen-Zentren von San Francisco und leitet Meditations- und Kochkurse sowohl in den USA als auch in Österreich, Deutschland, Spanien und England. Ed ist der Autor der Kochbücher „Tassajara Brotbuch" und „Das Lächeln der Radieschen".

FILM:
HOW TO COOK YOUR LIFE

SONJA FRÜHSAMMER

17 Punkte Gault Millau, FFF, 3 SCH
Frühsammers Restaurant
Flinsberger Platz 8, 14193 Berlin
WWW.FRUEHSAMMERS-
RESTAURANT.DE

Die Gault Millau Tester loben Sonja Frühsammer für ihre „kunstvollen und einfallsreichen Arrangements" und „stimmiges Aromenspiel". Ihre Frischeküche ist spannend und kreativ, verspielt und elegant. Das besondere Angebot des Restaurants ist „Frühsammers Abend". Eine kulinarische Rundum-Versorgung mit 5 Hauptgängen und vielen kleinen Überraschungen im ungezwungen eleganten Ambiente einer alten Villa.

FILME:
KOCHEN IST CHEFSACHE,
DER FANTASTISCHE MR. FOX

MICHAEL HOFFMANN

eröffnet 2014 in Berlin einen
neuen kulinarischen Ort, bis 2013
*Guide Michelin, 18 Punkte Gault Millau,
FFFF, 3 Varta, 3 SCH
WWW.MARGAUX-BERLIN.DE

Michael Hoffmanns leichte Gemüseküche ist durch und durch eine Spitzenküche – mit dem klischeeverhafteten Begriff „vegetarisch" lässt sie sich nicht fassen. Die Fachwelt ist begeistert und würdigt, dass Michael Hoffmann etwas wirklich Neues geschaffen hat, jenseits kulinarischer Moden und Trends. Nach 14 Jahren wird Hoffmann im Jahr 2014 das Restaurant Margaux verlassen und neue Wege gehen. „Jede Generation von Spitzenköchen, die ihr Fach ernsthaft voran bringen will, muss sich der Tradition der europäischen Kulinarik stellen und die bleibt nur lebendig, wenn sie inhaltlich kreativ erneuert wird", sagt der vom Feinschmecker ausgezeichnete „Koch des Jahres" 2010.

FILME:
WILLKOMMEN MR. CHANCE,
SLOW FOOD STORY,
TAMPOPO

MICHAEL KEMPF

**Guide Michelin,
17 Punkte Gault Millau,
FFF ½, 4 Varta, 3, 5 SCH
Facil, Potsdamer Straße 3, 10785 Berlin
WWW.FACIL.DE

Michael Kempfs Kochkunst steht für regionale Produkte, farbenfrohe Gemüseküche, exotische Gewürze, Bewahrung des Eigengeschmacks und eine besondere Leidenschaft für die Präzision der Garmethodik. Seine Küche ist eine erfrischende Kombination von eleganter Leichtigkeit und puristischem Luxus, von Modernität und Understatement. Seinen ersten Michelin-Stern erkochte er sich mit 26 Jahren und hält ihn seit 2003. 2013 folgte der zweite.

FILME:
BIG NIGHT –
NACHT DER GENÜSSE,
TOAST

JOHANNES KING

**Guide Michelin, 17 Gault Millau,
FFFF, 4 Varta, 4 SCH,
„Koch des Jahres" 2013,
Der Feinschmecker
Söl'ringHof Sylt, Am Sandwall 1
25980 Rantum / Sylt
WWW.SOELRING-HOF.DE

Seit 2000 kocht der aus dem Schwarzwald stammende Johannes King im Söl'ringhof an der Sylter Westküste. In der offenen Landhausküche ist der Gastgeber und 2-Sterne-Koch ganz in seinem Element. Vom Restaurant aus können Sie zusehen, wie er aus frischen Zutaten, aromatischen Gewürzen und duftenden Kräutern ein Fest für alle Sinne bereitet: „Der Jahreszeit entsprechend, verwenden wir Produkte gewachsen im Kreislauf der Natur, teils aus eigenem Garten oder von einheimischen Produzenten, vom eigenen Angelschiff oder von Fischern der Region."

FILME:
L'AMOUR DES MOULES,
RATATOUILLE

KOLJA KLEEBERG

*Guide Michelin, 17 Punkte Gault Millau, FFF, 3 Varta, 3,5 SCH
Restaurant Vau, Jägerstraße 54/55
10117 Berlin
WWW.VAU-BERLIN.DE

Einerseits die Harmonie der Elemente, andererseits die Verbindung von überraschenden Komponenten; das ist die Küche des Vau. Das Team zeigt täglich mit seinen Kreationen, dass regionale Bodenständigkeit und neue Ansätze der internationalen Küche harmonieren können. Leichtigkeit und Lebensfreude sowie der Sinn für das Beste jeder Jahreszeit sind der prägende Leitfaden. „Lusthandwerk mit Kopf", so nennt es Kolja Kleeberg.

FILME:
GOODFELLAS,
RED OBSESSION

LÉA LINSTER

*Guide Michelin, Bocuse d'Or 1989 (als bisher einzige Frau),
18 Punkte Gault Millau
Restaurant Léa Linster
Route de Luxembourg 17
L- 5752 Frisange
WWW.LEALINSTER.LU

„Die luxemburgische Küche ist eine Bauernküche, und wir kochen mit dem, was der Boden hergibt. Mit der Kartoffel zum Beispiel kann man zeigen, dass Kochen mit Können zu tun hat. Wenn du mir eine Kartoffel gibst, mache ich sie dir so wertvoll, dass der Hummer Schwierigkeiten kriegt, die Kartoffel zu übertrumpfen." Léa Linster kreiert feinste französische Küche und ist berühmt für ihre unschlagbar köstlichen Madeleines. Sie besitzt einen Weinberg in Remich am luxemburgischen Moselufer und produziert den Elbling „Domaine Léa Linster".

FILME:
BABETTES FEST,
DAS FESTMAHL IM AUGUST

CHRISTIAN LOHSE

**Guide Michelin, 17 Punkte Gault Millau, FFFF, 4 Varta, 4 SCH
Fischers Fritz
Charlottenstraße 49, 10117 Berlin
WWW.FISCHERSFRITZBERLIN.COM

Chef de Cuisine Christian Lohse und sein Team kochen auf der Grundlage klassischer französischer Küche mit Schwerpunkt auf Fisch und Meeresfrüchten. Frischer sind Steinbutt, Wolfsbarsch oder St.-Pierre nur, wenn sie noch im Atlantik schwimmen. Dafür sorgt Lohse mit seinen hervorragenden Kontakten zu bretonischen Fischern. Lohse ist kompromisslos: Nur das Beste von den besten Produzenten kommt auf die Teller, möglichst saisonal und regional.

FILME:
DAS GROSSE FRESSEN,
ICH BIN DIE LIEBE

MARCO MÜLLER

*Guide Michelin, 17 Punkte Gault Millau, FFF, 2 Varta, 3 SCH
Weinbar Rutz
Chausseestraße 8, 10115 Berlin
WWW.RUTZ-WEINBAR.DE

Marco Müllers Arbeit beginnt bei den Lieferanten, den Züchtern, Gärtnern, Bauern, Jägern und Fischern der Region. Es dauere seine Zeit, bis die Produzenten ein eigenes Verständnis für Qualität entwickeln und den Ehrgeiz, es besser zu machen, sagt der Koch. Diese erstklassigen Produkte kombiniert er zu überraschenden und überzeugenden Gerichten, die einerseits im Sternerestaurant im 1. Stock oder in der Weinbar im Erdgeschoss die Gäste erfreuen.

FILME:
BRUST ODER KEULE,
GOLDRAUSCH

CORNELIA POLETTO

14 Punkte Gault Millau,
„CORNELIA POLETTO"
Eppendorfer Landstraße 80
20249 Hamburg
WWW.CORNELIA-POLETTO.DE

20 Jahre Sterneküche, davon zehn im eigenen Restaurant, haben Cornelia Poletto geprägt. 2011 eröffnete sie ihr neues Restaurant CORNELIA POLETTO. Hier erfüllte sie sich den lang gehegten Traum, einen Feinkostladen mit dem Restaurant zu verbinden, wie es in Italien üblich ist. Nun kann ein Gast einkaufen, ein Glas Wein trinken oder ein Essen bestellen. Familiär. Unkompliziert. Gastfreundschaft und italienisch-mediterrane Küche sind immer noch auf Sterneniveau, denn das Küchenteam um Cornelia Poletto hat nicht gewechselt.

FILME:
BELLA MARTHA,
JULIE & JULIA

TIM RAUE

** Guide Michelin, 19 Punkte Gault Millau, FFFF, 5 Varta, 4 SCH
TIM RAUE Restaurant
Rudi-Dutschke-Straße 26
10969 Berlin
WWW.TIM-RAUE.COM

Tim Raue liebt die asiatische Küche, mit Erfolg. Nur vier Köche in Deutschland haben höhere Noten im Gault Millau. Die Tester jubelten: „Seine Kreationen wirken noch fokussierter, intelligenter, aber auch gefühlvoller. Jeder Teller bringt ein sorgsam orchestriertes Zusammenspiel von Gewürzen und Aromen aus China, Japan und Thailand." Der Chef selbst sagt: „Die Franzosen haben für meine Küche den schönen Ausdruck 'cuisine d'auteur', die Autorenküche, in Anlehnung an den Autorenfilm. Er bezeichnet einen Kochstil, den man selbst hervorbringt."

FILME:
EAT DRINK MAN WOMAN,
FOOD, INC.,
SIDEWAYS

REGISTER DER KÖCHE

REGISTER DER REZEPTE

AAL
Étouffée-Taubenbrust mit Räucheraalgemüse und Rotweintortellini — S. 72

ANANAS
Karamellisierte Zitronentarte, Piña-Colada-Schaum und Ananassalat — S. 182

APFEL
Karamellmousse mit Blätterteig und geschmorten Äpfeln — S. 36
Kleine Apfelpizzetten mit gebratener Gänseleber — S. 52
Baiser vom grünen Tee mit mariniertem Apfel — S. 146
Apfel-Ingwer-Muskatnuss-Taler — S. 174

ARTISCHOCKE
Gerührte Polenta und gegrillte Artischocken — S. 136

AUBERGINE
Auberginenpiccatas mit Mama Scorseses Tomatensauce — S. 96
Sardinen aus dem Ofen mit sizilianischer Auberginengemüse-Caponata, Tomatenmarmelade und Lorbeeröl — S. 98

BACKPFLAUME
Friesischer Brot- und Butterpudding mit Backpflaumenragout — S. 162

BANANE
Bananen-Schokoladen-Pancake, Erdbeersalat — S. 168

BASILIKUM
Pistou Ravioli — S. 134
Erdbeeren mit Basilikum, Schaumbrot und Pinot-Eis — S. 138

BEERE
Topfensoufflé mit Tonkabohne und eingelegten Waldbeeren — S. 80
Erdbeeren mit Basilikum, Schaumbrot und Pinot-Eis — S. 138
Bananen-Schokoladen-Pancake, Erdbeersalat — S. 168

BLÄTTERTEIG
Karamellmousse mit Blätterteig und geschmorten Äpfeln — S. 36
Kleine Apfelpizzetten mit gebratener Gänseleber — S. 52

BOHNEN
Kabeljau mit Zitrone, Kartoffel-Espuma und Liebstöckelbohnen — S. 34
Eintopf von Kürbis, Möhre und Ingwer mit weißen Bohnen — S. 130

COUSCOUS
Couscous und Kichererbseneintopf mit Spinat und Safran — S. 116

EI
Pochiertes Bio-Landei, Kraut und Rüben — S. 178
Crème brûlée — S. 22

ENTE
Halbwilde Ente mit geschmorten Gewürzfeigen — S. 30
Konfierte Ente mit Steinpilzen — S. 46

FEIGE
Halbwilde Ente mit geschmorten Gewürzfeigen — S. 30
Karamellisierte frische Feigen — S. 86

GANS
Kleine Apfelpizzetten mit gebratener Gänseleber — S. 52

GRÜNKERN
Gefüllte Gemüsezwiebel mit Grünkernrisotto — S. 160

GURKE
Tofu '82 mit Petoncle, Gurken und schwarzem Pfeffer — S. 120

HEILBUTT
Lo Bak Go mit Heilbutt, Cabernet-Choy Sum und brauner Butter — S. 122

HUHN
Eine magische Essenz — S. 104
Knusprige Poulardenbrust, gebratener Romanasalat, Parmesannuggets, Orangensauce — S. 166
Variationen vom Hähnchen — S. 172

HUMMER
Hummer Dim Sum — S. 108

KABELJAU
Kabeljau mit Zitrone, Kartoffel-Espuma und Liebstöckelbohnen — S. 34
Kabeljau San Remo — S. 92
Gedämpfter Kabeljau, Sojasud, Pak Choi mit Zitronenschale — S. 110
Kabeljau mit Röstzwiebelkruste, Kartoffelrisotto, Kressetapioka — S. 180

KANINCHEN
Kaninchenrücken St. Stephano — S. 40

KARAMELL
Karamellmousse mit Blätterteig und geschmorten Äpfeln — S. 36

KAROTTE
Eintopf von Kürbis, Möhre und Ingwer mit weißen Bohnen — S. 130
Jahreszeiten im Glas — S. 150

KARTOFFEL
Kabeljau mit Zitrone, Kartoffel-Espuma und Liebstöckelbohnen — S. 34
Bœuf Bourguignon — S. 54
Weinbergschnecken mit Petersilienpüree und Brioche — S. 58
Gebratene Meeräsche auf Queller und Herzmuscheln mit Stampfkartoffeln — S. 64
Zanderfilet mit Rieslingsauce und Parmesan-

Kartoffelnocken — S. 84
Rotkohl, Kartoffel-Walnuss-Püree, Granatapfelbutter und Pampelmuse — S. 152
Kabeljau mit Röstzwiebelkruste, Kartoffelrisotto, Kressetapioka — S. 180

KICHERERBSEN
Couscous und Kichererbseneintopf mit Spinat und Safran — S. 116

KOHL
Fette Blutwurstsuppe mit Spitzkohl — S. 26
Kabeljau San Remo — S. 92
Lo Bak Go mit Heilbutt, Cabernet-Choy Sum und brauner Butter — S. 122
Rotkohl, Kartoffel-Walnuss-Püree, Granatapfelbutter und Pampelmuse — S. 152
Pochiertes Bio-Landei, Kraut und Rüben — S. 178

KÜRBIS
Eintopf von Kürbis, Möhre und Ingwer mit weißen Bohnen — S. 130
Jahreszeiten im Glas — S. 150

LACHS
Gebeizter Wildlachs auf Blini mit Kaviar — S. 18
Lachsfilet im Strudelblatt mit Rotweinspinat und Safransabayon — S. 78

MANGO
Schokoladensoufflé mit Mango-Passionsfrucht-Ragout und Mangosorbet — S. 74

MEERÄSCHE
Gebratene Meeräsche auf Queller und Herzmuscheln mit Stampfkartoffeln — S. 64

MUSCHELN
Sylter Muscheleintopf — S. 66

Gebratene Meeräsche auf Queller und Herzmuscheln mit Stampfkartoffeln — S. 64

OLIVE
Oliventartelette mit mariniertem Ziegenkäse — S. 90

PFANNKUCHEN
Gebeizter Wildlachs auf Blini mit Kaviar — S. 18
Madame Suzette Crêpe mit Sanddorn und Grand Marnier — S. 154
Bananen-Schokoladen-Pancake, Erdbeersalat — S. 168

PILZ
Rinderconsommé mit Steinpilzen — S. 20
Geangelte Atlantik-Seezunge mit Pfifferlingen und Rahmsauce von Château Chalon — S. 28
Konfierte Ente mit Steinpilzen — S. 46
Gefüllte Gemüsezwiebel mit Grünkernrisotto — S. 160

POLENTA
Gerührte Polenta und gegrillte Artischocken — S. 136

RETTICH
Lo Bak Go mit Heilbutt, Cabernet-Choy Sum und brauner Butter — S. 122
Jahreszeiten im Glas — S. 150

RIND
Rinderconsommé mit Steinpilzen — S. 20
Bœuf Bourguignon — S. 54
Ochsenbacke in Pinot Noir, Sansho-Pfeffer, Erbsencreme und Salat von Erbsensprossen Ingwer, Apfel — S. 60
Eine magische Essenz — S. 104

ROMANASALAT
Fünf-Elemente-Salat — S. 114
Knusprige Poulardenbrust, gebratener Romanasalat, Parmesannuggets, Orangensauce — S. 166

SARDINEN
Sardinen aus dem Ofen mit sizilianischer Auberginengemüse-Caponata, Tomatenmarmelade und Lorbeeröl — S. 98

SCHNECKE
Weinbergschnecken mit Petersilienpüree und Brioche — S. 58

SCHOKOLADE
Halbflüssiges Schokoladensoufflé — S. 48
Schokoladensoufflé mit Mango-Passionsfrucht-Ragout und Mangosorbet — S. 74
Bananen-Schokoladen-Pancake, Erdbeersalat — S. 168

SCHWEIN
Iberische Schweineschwänze mit pikanter Marmelade — S. 144

SEETEUFEL
Lotte mit Schwips — S. 42

SEEZUNGE
Geangelte Atlantik-Seezunge mit Pfifferlingen und Rahmsauce von Château Chalon — S. 28

SPARGEL
Warmer weißer Spargel mit brauner Butter — S. 142

SPINAT
Lachsfilet im Strudelblatt mit Rotweinspinat und Safransabayon — S. 78
Couscous und Kichererbseneintopf mit Spinat und Safran — S. 116

STECKRÜBE
Jahreszeiten im Glas — S. 150
Pochiertes Bio-Landei, Kraut und Rüben — S. 178

TAUBE
Étouffée-Taubenbrust mit Räucheraalgemüse und Rotweintortellini — S. 72

TEE
Baiser vom grünen Tee mit mariniertem Apfel — S. 146

TOFU
Tofu '82 mit Petoncle, Gurken und schwarzem Pfeffer — S. 120
Gewürztofu — S. 128

TOMATE
Auberginenpiccatas mit Mama Scorseses Tomatensauce — S. 96
Sardinen aus dem Ofen mit sizilianischer Auberginengemüse-Caponata, Tomatenmarmelade und Lorbeeröl — S. 98

WALNUSS
Rotkohl, Kartoffel-Walnuss-Püree, Granatapfelbutter und Pampelmuse — S. 152

WURST
Fette Blutwurstsuppe mit Spitzkohl — S. 26

ZANDER
Zanderfilet mit Rieslingsauce und Parmesan-Kartoffelnocken — S. 84

ZIEGENKÄSE
Oliventartelette mit mariniertem Ziegenkäse — S. 90

ZITRONE
Kabeljau mit Zitrone, Kartoffel-Espuma und Liebstöckelbohnen — S. 34
Karamellisierte Zitronentarte, Piña-Colada-Schaum und Ananassalat — S. 182

REGISTER DER FILME

BABETTES FEST
{ BABETTES GÆSTEBUD }

Melodram, Dänemark,
1987 — 102 Min.
Regie: Gabriel Axel
Produktion: Just Betzer,
Bo Christensen
Mit: Stéphane Audran

S. 16

BELLA MARTHA

Melancholische Komödie,
Deutschland, 2001 — 109 Min.
Regie: Sandra Nettelbeck
Produktion: Karl Baumgartner,
Christoph Friedel
Mit: Martina Gedeck,
Sergio Castellitto

S. 70

BIG NIGHT – NACHT DER GENÜSSE
{ BIG NIGHT }

Drama, USA, 1996 — 107 Min.
Regie: Stanley Tucci, Campbell Scott
Produktion: Jonathan Filley, David
Kirkpatrick, Keith Samples
Mit: Tony Shalhoub, Stanley Tucci,
Isabella Rossellini

S. 76

BRUST ODER KEULE
{ L'AILE OU LA CUISSE }

Komödie, Frankreich,
1976 — 104 Min.
Regie: Claude Zidi
Produktion: Christian Fechner
Mit: Louis de Funès, Coluche

S. 44

DAS FESTMAHL IM AUGUST
{ PRANZO DI FERRAGOSTO }

Komödie, Italien, 2008 — 75 Min.
Regie: Gianni di Gregorio
Produktion: Matteo Garrone
Mit: Marina Caccioti, Maria Cali,
Gianni di Gregorio,
Valeria de Franciscis

S. 82

DAS GROSSE FRESSEN
{ LA GRANDE BOUFFE }

Schwarze Komödie, Frankreich,
1973 — 130 Min.
Regie: Marco Ferreri
Produktion: Vincent Malle,
Jean Pierre Rassam
Mit: Marcello Mastroianni, Michel
Piccoli, Philippe Noiret, Ugo Tognazzi,
Andréa Ferréol

S. 24

DER DISKRETE CHARME DER BOURGEOISIE
{ LE CHARME DISCRET DE LA BOURGEOISIE }

Kömödie, Frankreich/Spanien,
1972 — 102 Min.
Regie: Luis Buñuel
Produktion: Serge Silbermann
Mit: Fernando Rey, Paul Frankeur,
Delphine Seyrig, Michel Piccoli

S. 38

DER FANTASTISCHE MR. FOX
{ FANTASTIC MR. FOX }

Stop-Motion-Animationsfilm, USA,
2009 — 87 Min.
Regie und Produktion: Wes Andersen

S. 170

EAT DRINK MAN WOMAN

Romantische Komödie, USA,
1994 — 123 Min.
Regie: Ang Lee
Produktion: Hsu Li-Kong
Mit: Sihung Lung, Yu-Wen Wang,
Chien-lien Wu

S. 106

FOOD, INC.

Dokumentarfilm, USA,
2008 — 94 Min.
Regie: Robert Kenner
Produktion: Participant Media
Mit: Michael Pollan, Eric Schlosser

S. 126

GOLDRAUSCH
{ THE GOLD RUSH }

Komödie, USA, 1925 — 96 Min.
Regie und Produktion: Charlie Chaplin
Mit: Charles Chaplin, Mack Swain,
Tom Murray

S. 164

GOODFELLAS – DREI JAHRZEHNTE IN DER MAFIA
{ GOODFELLAS }

Drama, USA, 1990 — 146 Min.
Regie: Martin Scorsese
Produktion: Irwin Winkler
Mit: Robert de Niro, Ray Liotta,
Joe Pesci

S. 94

HOW TO COOK YOUR LIFE

Dokumentarfilm, Deutschland,
2007 — 100 Min.
Regie: Doris Dörrie
Produktion: Megaherz
Mit: Edward Espe Brown

S. 112

ICH BIN DIE LIEBE
{ IO SONO L'AMORE }

Liebesdrama, Italien,
2009 — 120 Min.
Regie und Produktion:
Luca Guadagnino
Mit: Tilda Swinton, Flavio Parenti,
Edoardo Gabbriellini,
Alba Rohrwacher

S. 88

JULIE & JULIA

Melodram, USA,
2009 — 123 Min.
Regie und Produktion:
Nora Ephron
Mit: Meryl Streep, Amy Adams,
Stanley Tucci

S. 50

KOCHEN IST CHEFSACHE
{COMME UN CHEF}
Komödie, Frankreich,
2012 — 84 Min.
Regie: Daniel Cohen
Produktion: Gaumont, TF1 Films
Production, A Contracorriente Films
Mit: Jean Reno,
Michaël Youn
S. 32

L'AMOUR DES MOULES
Dokumentarfilm,
Niederlande/Belgien,
2012 — 73 Min.
Regie: Willemiek Kluijfhout
Produktion: Reinette van de Stadt
S. 62

MUGARITZ B.S.O.
Dokumentarfilm, Spanien,
2011 — 72 Min.
Regie: Felipe Ugarte, Juantxo Sardon
Produktion: Ixo Producciones
Mit: Andoni Aduriz, Felipe Ugarte,
Juan Hernández
S. 140

RATATOUILLE
Animationsfilm, USA,
2007 — 111 Min.
Regie: Brad Bird
Produktion: Pixar
S. 158

RED OBSESSION
Dokumentarfilm, Australien,
2013 — 75 Min.
Regie: Warwick Ross, David Roach
Produktion: Lion Rock Films
S. 118

SIDEWAYS
Komödie, USA, 2004 — 126 Min.
Regie und Produktion:
Alexander Payne
Mit: Paul Giamatti, Thomas Haden Church
S. 56

SLOW FOOD STORY
Dokumentarfilm, Italien,
2013 — 73 Min.
Regie: Stefano Sardo
Produktion: Indigo Film,
Tico Film
Mit: Carlo Petrini, Azio Citi
S. 132

TAMPOPO
Komödie, Japan, 1985 — 114 Min.
Regie: Jûzô Itami
Produktion: Seigo Hosogoe,
Jûzô Itami
Yasushi Tamaoki
Mit: Tsutomu Yamazaki,
Nobuko Miyamoto,
Ken Watanabe
S. 102

TOAST
Biografie, Großbritannien,
2010 — 96 Min.
Regie: S.J. Clarkson
Produktion: Ruby Films
Mit: Helena Bonham Carter,
Freddie Highmore
S. 176

WILLKOMMEN MR. CHANCE
{BEING THERE}
Komödie, USA, 1979 — 129 Min.
Regie: Hal Ashby
Produktion: Andrew Braunsberg
Mit: Peter Sellers, Shirley MacLaine,
Melvyn Douglas
S. 148

DVDs der Filme sind in der Regel im Internet oder in Fachmärkten zu beziehen, mit Ausnahme von „L'Amour des Moules" (über Reinette van de Stadt, reinette@true-works.nl) und „Mugaritz B.S.O." (über Susana Nieto, susana@mugaritz.com).

Die Rezepte zum Film „How to Cook Your Life" stammen aus folgender Quelle: Edward Espe Brown: Das Lächeln der Radieschen. Zen in der Kunst des Kochens. Aus dem Englischen von Susanne Althoetmar-Smarczyk. © der deutschsprachigen Ausgabe: 1998 Deutscher Taschenbuch Verlag, München.

BILDNACHWEIS

Filme:
Babettes Fest S. 16: Astrablu Media, Inc./ Peter Gabriel — **Das große Fressen** S. 4-5, S. 24: Deutsches Filminstitut-DIF, Frankfurt — **Kochen ist Chefsache** S. 32: © 2011 GAUMONT / TF1 FILMS PRODUCTION (Frankreich) / A CONTRACORRIENTE FILMS (Spanien) — **Der diskrete Charme der Bourgeousie** S. 38: © 1972 Studiocanal / Dean-Film-S.R.L. — **Brust oder Keule** S. 12-13, S. 44 unten: © 1976 Studiocanal / Deutsches Filminstitut-DIF, Frankfurt, S. 44 oben: © 1976 Studiocanal — **Julie & Julia** S. 50: „Julie and Julia" © 2009 Columbia Pictures Industries, Inc., All Rights Reserved. Courtesy of Columbia Pictures / Deutsches Filminstitut-DIF, Frankfurt — **Sideways** S. 56: Twentieth Century Fox Home Entertainment — **L'Amour des Moules** S. 62: © 2013 L'Amour des Moules, www.musselsinlove.com — **Bella Martha** S. 70 oben: Pandora Filmproduktions GmbH, S. 70 unten: Pandora Filmproduktions GmbH / Deutsches Filminstitut-DIF, Frankfurt — **Big Night – Nacht der Genüsse** S. 76 oben: Noel Vasquez/Getty Images Entertainment, S. 76 unten: Pal Hansen/Contour By Getty Images — **Das Festmahl im August** S. 82: Fandango — **Ich bin die Liebe** S. 88: Mikado Film/ First Sun / Sandro Kopp — **GoodFellas – Drei Jahrzehnte in der Mafia** S. 94: Licensed By: Warner Bros. Entertainment Inc. All Rights Reserved. — **Tampopo** S. 102: MIG Film GmbH / Deutsches Filminstitut-DIF, Frankfurt — **Eat Drink Man Woman** S. 106: Central Motion Picture Corp., Taiwan — **How to Cook Your Life** S. 112: megaherz GmbH — **Red Obsession** S. 118: Lion Rock Films / Warwick Ross — **Food, Inc.** S. 126: Tiberius Film GmbH — **Slow Food Story** S. 132: Indigo Film / Pandastorm Pictures / Dara Munnis — **Mugaritz B.S.O.** S. 140: Mugaritz / Oscar Oliva-Puntocolorao — **Willkommen Mr. Chance** S. 148: Licensed By: Warner Bros. Entertainment Inc. All Rights Reserved. — **Ratatouille** S. 158: © 2007 Disney - Pixar / Deutsches Filminstitut-DIF, Frankfurt — **Goldrausch** S. 164 oben und unten: The Gold Rush © Roy Export S.A.S, All rights reserved / Filmmuseum Berlin - Stiftung Deutsche Kinemathek, S. 164 mittig: Copyright © Roy Export Company Establishment, All rights reserved — **Der fantastische Mr. Fox** S. 170: Twentieth Century Fox Home Entertainment — **Toast** S. 176: Ruby Films / Deutsches Filminstitut-DIF, Frankfurt

Foodfotografie: Joerg Lehmann

Köche S. 184-187:
Andoni Aduriz Oscar Oliva-Puntocolorao — **Bobby Bräuer** Käfer Autowelt GmbH — **Edward Espe Brown** megaherz gmbh — **Sonja Frühsammer** Frühsammers Restaurant — **Michael Hoffmann** Stefan Abtmeyer — **Michael Kempf** FACIL — **Johannes King** PRESSENCE — **Kolja Kleeberg** Wiese Genuss — **Léa Linster** Paul Schirnhofer — **Christian Lohse** Alex Trebus — **Marco Müller** fotografie monique wüstenhagen — **Cornelia Poletto** hesse und hallermann PR — **Tim Raue** Wolfgang Stahr

IMPRESSUM

© 2014
Verlag Georg D. W. Callwey GmbH & Co. KG
Streitfeldstraße 35, 81673 München
www.callwey.de, buch@callwey.de

Bibliografische Information der Deutschen Nationalbibliothek: Die Deutsche Nationalbibliothek verzeichnet diese Publikation in der Deutschen Nationalbibliografie; detaillierte bibliografische Daten sind im Internet über http://dnb.d-nb.de abrufbar.

ISBN 978-3-7667-2075-7

Das Werk einschließlich aller seiner Teile ist urheberrechtlich geschützt. Jede Verwertung außerhalb der engen Grenzen des Urheberrechtsgesetzes ist ohne Zustimmung des Verlags unzulässig und strafbar. Das gilt insbesondere für Vervielfältigungen, Übersetzungen, Mikroverfilmungen und die Einspeicherung und Verarbeitung in elektronischen Systemen.

PROJEKTLEITUNG
Sabrina Kuchlbauer
LEKTORAT
Marion Höß für bookwise medienproduktion gmbh, München (Rezepte); Sabrina Kuchlbauer (Texte)
BILDREDAKTION
Caroline Davis Pesarese, München
UMSCHLAGGESTALTUNG, LAYOUT UND SATZ
Tom Ising und Caroline Villis für
HERBURG WEILAND, München
DRUCK UND BINDUNG
Kessler Druck und Medien, Bobingen

Printed in Germany

Heißen Dank an:

ANDONI ADURIZ — vom Restaurant Mugaritz
und seine Assistentin **SUSANA NIETO** für
die Schweineschwanz-Recherche und **ULRIKE PIECHA,**
Chefin des BioBuffets Berlin, für die langsame
Garung der Schweineschwänze
BOBBY BRÄUER — vom EssZimmer
EDWARD ESPE BROWN
SONJA FRÜHSAMMER — vom Frühsammers
MICHAEL HOFFMANN — und seinen Souschef
ALEXANDER BROSIN — für die Punktlandung mit dem
Rotkohlgericht und **KATHRIN HOFFMANN**
für sensible Kommunikation
MICHAEL KEMPF — vom Facil
JOHANNES KING — vom Sölringhof/Sylt
KOLJA KLEEBERG — vom Vau und seinen Souschef
JAN WABNITZ — für schnelles Einfühlungsvermögen
in mafiöse Gerichte
JOERG LEHMANN — für die appetitmachenden Fotos und
MAX FABER — für das natürliche Foodstyling
LÉA LINSTER — vom Restaurant Léa Linster
in Luxembourg
CHRISTIAN LOHSE — vom Fischers Fritz
GEORG MAUER — Geschäftsführer von „Wein & Glas" Berlin,
für die nie versiegende Quelle des Wein-Wissens
MARCO MÜLLER — von der Weinbar Rutz und seiner
Office- & Eventmanagerin
KERSTIN PIETSCH — für geschmeidige Verständigung
CORNELIA POLETTO — und ihrer Assistentin
KATHRIN HEUSER — für die Dessert-Koordination
TIM RAUE — vom Restaurant Tim Raue
JOHANNA WIELAND — für ihre einfühlsame Unterstützung